Lia de Fries

AF235356

Die richtige Entscheidung

Dein Ratgeber für einen achtsamen Umgang
mit der Frühbetreuung

Lia de Fries wurde 1962 in Luzern geboren

Sie ist in Hessen aufgewachsen und mit der Wende in die Nähe von Berlin gezogen.

Ihre vier Kinder hat sie teilweise alleine erzogen. Viele Jahre ihres Lebens musste sie Berufstätigkeit und Kindererziehung miteinander vereinbaren. Mit sechsundvierzig Jahren entschied sie sich bewusst für eine Erzieherausbildung, um einen Beitrag zu einer guten Krippenbetreuung zu leisten.

Zahlreiche Weiterbildungen in der Frühbetreuung folgten. Nach fünfzehn Jahren Berufstätigkeit schrieb sie dieses Buch mit dem Anliegen, Eltern über die Anforderungen einer Frühbetreuung und deren Auswirkungen zu informieren.

Das Buch ist ein Leitfaden, um sich seiner Entscheidung einer Frühbetreuung bewusst zu werden und diese zu planen. Ihre Vision ist es, dass Eltern mit ihren Kindern glücklich werden und die Gesellschaft kinderfreundlicher wird. Lia de Fries veröffentlicht unter der gleichnamigen Online Plattform Seminare und Vorträge zum Thema Ehe- und Familienplanung sowie Säuglings- und Kleinkindpflege. Außerdem schreibt sie phantasievolle Kinderbücher für die Kleinsten.

Lia de Fries

Die richtige Entscheidung

Dein Ratgeber für einen achtsamen
Umgang mit der Frühbetreuung

Impressum

Bibliografische Information der Deutschen Nationalbibliothek:
Die Deutsche Nationalbibliothek verzeichnet diese Publikation
in der Deutschen Nationalbibliografie; detaillierte
bibliografische Daten sind im Internet über http://dnb.dnb.de
abrufbar.

Lektorat: Dr. Ulrike Bremer

Korrektorat: Dr. Ulrike Bremer

Herstellung und Verlag: BoD – Books on Demand,
Norderstedt

ISBN: 978-3-7557-4027-8

Für Elias

und alle Kinder dieser Welt

Mein Geschenk an Dich

Ich wünsche mir so sehr, dass Du mit Deinem Kind glücklich wirst.
Vertraue Deinem Gefühl, wenn Du dieses Buch liest. Jeder Mensch hat eine Intuition dafür, was wahrhaftig ist.

Inhalt

Teil 1 Einführung

Meine Idee für dieses Buch   15

Eine alltägliche Krippengeschichte   17

Warum willst Du oder hast Du ein Kind   20

Kinder sind unsere Zukunft   21

Der Wert der Familie   23

Gute Gründe für eine Frühbetreuung   24

Teil 2 Grundlagen

Was braucht das kleine Kind wirklich?   29

Wenn schon Fremdbetreuung dann gute
Fremdbetreuung   33

Das können gute Krippen und Tagesmütter
Deinem Kind ermöglichen   36

Das kann keine noch so gute Fremdbetreuung
Deinem Kind geben   38

Die Realität in Deutschen Krippen   41

Pädagogisches Verhalten, welches ich erfahren habe   47

Der Pädagoge, der Mensch Deines Vertrauens   49

Erzieher, Wunschberuf zwischen Ideal und
Wirklichkeit   53

Die Rolle des Kindes in der heutigen Gesellschaft   57

Wie reagieren Kinder auf unsere Anforderungen   61

Kindheit im Medienzeitalter   65

Kindheit und Krankheit   68

Finde heraus, ob Du Dein Kind in eine Krippe
oder zu einer Tagesmutter geben möchtest   71

Teil 3 Leitfaden, so gelingt die Frühbetreuung

Frühbetreuung optimal vorbereiten   77

Das leistet Dein Kind während der
Eingewöhnung und im Krippenalltag   83

Das solltest Du in Bezug auf die Krippenzeit
über die Entwicklung Deines Kindes wissen   85

Die ersten Schritte in eine gelungene
Krippenaufnahme   87

Die Eingewöhnung Deines Kindes   93

Der Hausbesuch   96

Teil 4 Nachwort

Gibt es sie, die gute Krippe   99

Warum funktioniert unser Kindergartensystem   101

Alternativen zu einer konventionellen Frühbetreuung   104

Würde ich heute mein Kind noch einmal in eine
Krippe geben?   105

Schlusswort   **111**

Danksagung   **113**

Teil 1

Einführung

Meine Idee für dieses Buch

Ich bin Mutter von vier Kindern und berufstätig. Ich war eine Zeitlang mit zwei Einzelhandelsgeschäften selbständig, habe aber auch als Angestellte gearbeitet. Ich weiß nur zu gut, was es heißt, Kinder zu haben und berufstätig zu sein. Haushalt, Kindererziehung und Berufsleben miteinander vereinbaren zu müssen.

Mein viertes Kind habe ich aus finanziellen Gründen schon mit einem Jahr in die Fremdbetreuung gegeben.

Meine Erfahrungen mit der Krippensuche, der Eingewöhnung meines Kindes und die spürbaren Auswirkungen der Fremdbetreuung haben mir den Impuls gegeben mich beruflich umzuorientieren und selber den Beruf der Erzieherin zu ergreifen. Mit der Überzeugung, dass ich einen Beitrag zu einer guten Krippenbetreuung leiste, habe ich mit 45 Jahren eine Ausbildung als Pädagogin gemacht. Um ein wirklich gutes Fundament für meine Arbeit zu haben, absolvierte ich noch eine Integrationsausbildung, eine Ausbildung speziell für Frühbetreuung an der Alice Salomon Hochschule und eine Waldorfausbildung.

Ich war dann acht Jahre Gruppenleiterin in einer Krippe. Mir wurde bewusst, dass ich dem, was das kleine Kind braucht, nicht gerecht werden kann. Ich verlagerte meinen Arbeitsbereich und wurde Familienhelferin. Durch diese Aufgabe bekam ich einen umfassenden

Einblick in die Arbeitsweise anderer Kindergärten und Schulen. Wie das Leben so spielt, habe ich dann noch zwei Jahre in meiner alten Einrichtung in einer altersgemischten Gruppe gearbeitet. Nun bin ich selbständig, schreibe und gebe Seminare.

Es ist mir ein großes Bedürfnis, meine Erfahrungen im Interesse der Kinder an Dich weiterzugeben, die ich als Pädagogin aber auch als Mutter gemacht habe.

Mein jüngster Sohn zeigte Verlustängste und er litt unter Schlafstörungen. Erst als ich selbst in der Krippe gearbeitet habe, ist mir der Zusammenhang zwischen diesem Verhalten und dem frühen Bindungsabbruch durch die Fremdbetreuung bewusst geworden. Meine Unwissenheit und Unbedarftheit führten dazu, dass ich die Signale meines Kindes nicht ernst genommen habe. Ich habe mich, wie so viele Eltern, an die gesellschaftlichen Regeln angepasst und dem Druck des Arbeitgebers nachgegeben. Ich habe die Qualität der derzeitigen Krippen nicht hinterfragt.

Ich wünsche mir, Dich mit diesem Buch zu mehr Achtsamkeit zu inspirieren. Achtsamkeit, die mir fehlte.

Eine alltägliche Krippengeschichte

Als ich wieder arbeiten musste, hatte der Entschluss, meinen Sohn mit einem Jahr in einen Kindergarten bzw. in einer Krippe, unterzubringen, für mich nichts Besonderes oder Besorgniserregendes. Ich kam auch gar nicht auf die Idee, mich darauf irgendwie vorbereiten zu müssen.

Ich machte mir schon Gedanken, ob die Eingewöhnung gut klappt, die Erzieher nett sind und ob sie gut auf meinen Sohn aufpassen. Aber diesen Gedanken stand die Tatsache, dass ich arbeiten könnte und die Zuversicht, die Krippe ist gut für mein Kind, gegenüber.

Ich hatte mir hier einige Argumente zurechtgelegt:

- Zu Hause alleine langweilt sich das Kind
- In der Krippe gibt es andere Kinder, mit denen es spielen kann
- In der Krippe lernen Kinder Sozialverhalten
- Das Kind kommt viel an die frische Luft und hat geregelte Mahlzeiten
- Die Erzieher haben eine pädagogische Ausbildung und werden seiner Entwicklung eher gerecht als ich

Für die Eingewöhnung hatte ich vor Arbeitsbeginn vierzehn Tage eingeplant. Das sei die Zeit, die nötig iwäre, aber auch vollkommen ausreicht, damit mein Kind einen guten Start hat. Das hörte ich von anderen Eltern und das ist aber auch der Zeitrahmen, den die Kommune und somit die meisten Kindergärten vorgeben.

Es gibt Kinder, die schaffen das. Tränen und Kummer gehören bei einer Trennung dazu, das wird nicht hinterfragt. Für Pädagogen und Eltern, ja für mein gesamtes damaliges Umfeld war das Teil der „Abnabelung". Trennungsängste gehen schließlich vorbei!

Mein Sohn kooperierte bei der Eingewöhnung überdurchschnittlich gut. Wenn er weinte, dann hörte dies schon nach kurzer Zeit auf. Obwohl er eigentlich nie in den Kindergarten wollte, ist er doch tapfer gegangen, wenn wir es gefordert haben. Ich war stolz auf ihn.

Aber er hat sich verändert. Vor der Fremdbetreuung hat er problemlos geschlafen. Er wurde nachts selten wach oder hatte das Bedürfnis bei uns zu schlafen. Schon nach kurzer Zeit in der Krippe war es damit vorbei. Er wachte nachts schreiend auf und war nicht mehr dazu zu bewegen alleine in seinem Bett zu schlafen. Unser Sohn schlief nur noch ein, wenn ein Elternteil bei ihm am Bett sitzen blieb. Auch dann dauerte es noch lange, bis er in den Schlaf fand.

Es waren aber nicht nur die Schlafschwierigkeiten, die uns auffielen. Unser Sohn entwickelte massive Verlustängste. Er hing zu Hause ständig an mir.

Ich konnte nicht mehr alleine das Zimmer verlassen. Zuerst dachten wir, es wäre die Umstellung dieser neuen Kindergartensituation. Leider war dem nicht so. Unser Sohn ist ein Kind geblieben, welches sich ohne uns verloren fühlt. Er übernachtet nicht gerne bei Freunden, vor Klassenfahrten gibt es Tränen, alles Ungewohnte überfordert ihn.

Heute weiß ich:
Ein bewussterer Umgang mit meiner Entscheidung unser Kind in die Frühbetreuung zu geben und eine gute Vorbereitung dieser Entscheidung sind so überaus wichtig.

Warum willst Du oder hast Du ein Kind?

Vielleicht hast Du Dich gemeinsam mit Deinem Partner dafür entschieden und diesen Zeitpunkt gemeinsam geplant. Vielleicht hat es sich aber auch einfach so ergeben. Ein Kind oder auch mehrere Kinder zu bekommen, ist ja den meisten Menschen als natürliches Bedürfnis von der Natur mitgegeben. Vor allem bei den meisten Frauen stellt sich der Wunsch auf ein eigenes Kind ein. Im Alter von fünfunddreißig Jahren ist eine Schwangerschaft nicht mehr so leicht möglich und gilt schon als Risikoschwangerschaft.

Auf die direkte Frage, warum Paare ein Kind möchten, gibt es natürlich eine differenzierte Antwort:

- Kinder gehören zu einer Partnerschaft dazu
- Familie zu haben gibt Sicherheit und ist wichtig
- Kinder, sind der Sinn des Lebens

Oder auch etwas egoistischer:

- wir möchten einen Teil von uns in unserem Kind wiedererkennen, oder weiterleben lassen
- wir möchten etwas Eigenes
- wir möchten ein Kind, dass wir lieben können und das uns liebt

Was hat Dich bewegt, Mutter oder Vater zu werden?

Kinder sind unsere Zukunft

In dem Moment, wo wir ein Kind bekommen, sichern wir die menschliche Zukunft. Mit der Prägung und Erziehung unseres Kindes gestalten wir diese Zukunft, denn das Kind wird, so wie wir es ins Leben stellen, Teil einer zukünftigen Gesellschaft und es wird diese nach seinen Fähigkeiten und mit seinem Sozialverhalten mitgestalten.

Es ist für mich sehr wichtig, Dir diese Verantwortung bewusst zu machen. Mit dem Kinderbekommen und Kindererziehen haben wir eine Verantwortung für die Zukunft aller Menschen. Deshalb sollten in unserer Gesellschaft Kinder und deren Erziehung oberste Priorität haben. Der Wert der Familie als zukunfts-prägende Instanz muss unbedingt mehr Gewicht bei politischen und sozialen Entscheidungen bekommen.

Wünschst Du Dir für Dein Kind nicht auch eine Verbes-serung seines Lebens gegenüber Deinem? Aber was heißt das für Dich?

Ein größeres Haus? Mehr Freizeit? Reisen in alle Län-der, die man selbst nicht gesehen hat? Oder mehr Party, Aktion und Spaß? Kannst Du ganz konkret die Wünsche, die Du für Dein Kind hast, benennen?
Sind wir nicht auf der Suche nach Verständnis, nach Liebe und nach Geborgenheit? Wünschen wir uns nicht alle mehr Zeit?

Wo soll die gemeinsame Reise hingehen? Wie soll dies in einer materiellen Welt möglich sein, in der Eltern ihre Kinder für materiellen Wohlstand am Tag acht Stunden oder mehr in eine Krippe geben müssen? Wo wir uns kraftlos und manchmal auch krank zur Arbeit schleppen?

Wir sollten vor allem zum Wohle unserer Kinder umdenken und uns nicht mehr so sehr manipulieren lassen. Unser Gesellschaftssystem erwartet zwei berufstätige Eltern, damit diese Einkommen das Wirtschaftssystem am Laufen halten. Der Frau wird der Ausbau der Krippenplätze und die Garantie auf einen Krippenplatz so verkauft, als wäre er so von ihr gewollt und gefordert.
Da muss man doch sehr genau schauen, warum Eltern und vielleicht auch Du schon sehr früh in Erwägung ziehen, ihr Kind in eine Betreuung zu geben.

Frage Dich einmal selbst: möchtest Du Dein Kind in Dir völlig unbekannte Hände geben, wenn Du finanziell abgesichert bist. Wenn der Einstieg in Deinen Beruf jederzeit problemlos möglich ist? Und Du viele soziale Kontakte pflegen kannst, die Dir neben der Kinderbetreuung Freiraum für individuelle Interessen ermöglichen?

Schaue Dein Kind an; was glaubst Du, was sich Dein Kind wünscht oder wünschen würde?
Es gibt Alternativen.

Der Wert der Familie

Der Trend hört sich erst einmal gut an! Es werden wieder mehr Ehen geschlossen und Eltern wünschen sich wieder mehr als ein Kind. Gerade in politisch und wirtschaftlich unruhigen Zeiten scheint die Familie wieder an Stellenwert zu gewinnen. Verbinden wir mit dem Begriff Familie Geborgenheit, Sicherheit, Heimat und Vertrauen.

Was bedeutet Familie für Dich?

Ich erlebe immer mehr Familien, deren Zusammenhalt darin besteht, dass man sich finanziell braucht und ansonsten jedes Familienmitglied seinen eigenen Weg geht. Mann und Frau haben ihren eigenen Beruf, ihre eigenen Freizeitaktivitäten und die Kinder ihre Schule und ihre Hobbys. Gemeinsame Aktivitäten finden fast ausschließlich am Wochenende statt. Man geht zum Erlebnishof oder ins Schwimmbad. Die Eltern sitzen im Restaurant oder auf dem Liegestuhl, die Kinder auf Spielgeräten oder sind alleine im Wasser. Kindergeburtstage wurden bei uns immer zu Hause gefeiert. Heute geht man mit den Kleinen schon ins Kino, damit man nicht zu viel Arbeit hat. Man arbeitet ja auch unter der Woche schon genug.
Wer kann auch erwarten, dass noch Kraft bleibt, wenn man berufstätig ist, den Haushalt organisieren und ein oder mehrere Kinder versorgen muss.

Denn Kinderbetreuung und Kindererziehung kann man nicht mal so nebenbei mitmachen. Wenn alle Politiker, die die Berufstätigkeit beider Eltern propagieren und dies erwarten, ihre eigene Arbeit mit ihren Kindern organisieren müssten ohne die finanzielle Möglichkeit, z.B. einer Haushaltshilfe oder zusätzlicher Kinderbetreuung, würden sie ganz schnell ihre Meinung ändern.

Wie geht es Dir damit, wenn du an Deine Aufgaben und an Deine Verantwortung denkst? Fühlt sich das Leben leicht und lebenswert an?

Gute Gründe für eine Frühbetreuung

Für Eltern gibt es viele verschiedene Gründe ihr Kind schon mit einem oder eineinhalb Jahren in eine Betreuung zu geben. Meist ist es die Tatsache seinen Lebensunterhalt verdienen zu müssen. Alleinerziehende Eltern sind eigentlich immer davon betroffen.

Für Viele ist es aber auch die Verwirklichung von Wünschen, die man sich mit zwei Gehältern leisten kann.

Dazu kommt die berufliche Weiterentwicklung der Frau. Frauen haben heute zu Recht Angst, nach einer längeren Berufspause keine guten Chancen mehr auf dem Arbeitsmarkt zu haben und in dem gelernten Beruf den Anschluss zu verlieren.

Sie haben Angst, sich finanziell vom Partner abhängig zu machen. Die Scheidungsrate steigt und der Druck auf die Frauen ist groß, einen einmal gewohnten Lebensstil nach einer Trennung zu ermöglichen. Keine Mutter möchte, dass ein Kind nach der Trennung seine, zum Teil teuren, Hobbys aufgeben muss. Frauen haben Angst vor Vereinsamung. Im Beruf hat man Kontakte. Zu Hause muss man sich selbst einen Freundeskreis aufbauen.

Und auch Frauen brauchen Anerkennung. Der Beruf „Mutter" ist in unserer Gesellschaft eher ein Makel als eine Auszeichnung.

Eltern sein ist kein Beruf. Es gibt keine Ausbildung, keine beruflichen Entwicklungsmöglichkeiten, keinen Lohn. Also auch keine Wertschätzung. Von wem auch?
Kein Wunder, wenn immer mehr Eltern nach kurzer Zeit wieder arbeiten wollen, schließlich braucht jeder Mensch Anerkennung.

Was bewegt Dich, oder hat Dich bewegt, Dein Kind in eine Krippe zu geben?

Kennst Du eigentlich noch Frauen die drei Jahre zu Hause bei Ihren Kindern sind?

Denkst Du auch, es gibt für Dich keine Alternative?

Wie fühlt es sich an, nur noch Hausfrau und Mutter zu sein?

Teil 2

Grundlagen

Was braucht das kleine Kind wirklich?

Der Überlegung, wie eine kindgerechte Betreuung aussehen muss, geht die Analyse voraus, was ein kleines Kind unter drei Jahren für eine gesunde Entwicklung benötigt. Wir müssen wissen wie wir das Fundament legen können, um unser Kind zu einer selbstbewussten Persönlichkeit heranwachsen zu lassen. Einer Persönlichkeit, die in der Lage ist, seiner von der Geburt bereits veranlagte Vision seines eigenen Lebens, gerecht zu werden.

Das Kind unter drei Jahren zeichnet sich dadurch aus, dass es sich noch nicht als eigenständiges, von der Umwelt getrenntes Wesen wahrnimmt. Es sagt noch nicht „Ich" zu sich, sondern nennt sich bei seinem Namen. Dass die eigene Individualität noch nicht wahrgenommen wird, ist ein ganz entscheidender Aspekt, ob wir es mit einem Kleinkind, also Krippenkind, oder einem Kindergartenkind zu tun haben.

Dein Kind befindet sich in diesem Alter noch im Einklang mit Dir und Deiner Umgebung. In dieser Zeit ist das Kind noch vollkommen zufrieden mit dem kleinen Kosmos Familie. Mit Dir und seinen nächsten Bezugspersonen. Es nimmt zwar auch im Kleinkindalter Kontakt zu seiner Umwelt und anderen Menschen auf, aber immer im Bewusstsein Deiner Nähe und Deiner Bindung. Es ist ein langer und in kleinen Einheiten vollzogener Schritt bis Dein Kind erst wenige Momente ohne Dich in einer fremden Umgebung alleine bleiben kann. Auch wenn es eine Trennung eine Weile ohne Weinen aushält, beschleunigt sich in der Regel sein Herzschlag, der Puls steigt, Stresshormone werden ausgeschüttet. Ein älteres Kind, welches seine Ich-Identität erkannt hat, kann sich entspannter ablösen.

Ich habe es oft erlebt, dass Eltern irritiert waren, als es Probleme bei der Eingewöhnung in die Krippe gab, da sie ihr Kind als aufgeschlossen erlebt haben. Es hat sich im vertrauten Rahmen gerne alleine von den Eltern entfernt und ist auch mühelos bei den Großeltern geblieben. Aber vertraut und fremd sind eben zwei Paar Schuhe.

Das Kind unter drei Jahren lebt noch sehr in der Gefühlswelt der Mutter; der Eltern. Es bekommt kleinste Unsicherheiten und Ängste der Bezugspersonen ebenso mit wie Unsicherheit und Trauer. Begegnest Du einem Menschen, den Du gerne hast, wird Dein Kind auf diesen Menschen anders reagieren, als wenn Du diesem Menschen, bei aller gespielten Freundlichkeit, mit Abneigung begegnest. Das betrifft natürlich auch Deine Gefühle, wenn Du Dein Kind an einen anderen Menschen z.B. eine Erzieherin übergibst. Das Kind spürt, ob in dieser Begegnung Vertrauen überwiegt.

Die ersten drei Lebensjahre sind deshalb so überaus wichtig, da in diesem Alter so viele Grundlagen für eine körperlich und seelisch gesunde Stabilität im Erwachsenenalter gelegt werden. Zu dieser Gesundheit gehört das Urvertrauen, das die Welt so wie sie sich zeigt gut und richtig ist. Dieses Vertrauen ist die Voraussetzung dafür, dass sich das Kind stressfrei allen Eindrücken zuwenden kann und daran wachsen kann.

Das kennst Du doch sicher auch. Bist Du entspannt und fühlst Du Dich wohl und sicher, dann kannst Du auch konzentriert arbeiten, mit Genuss essen, ruhig einschlafen und alles, was Du aufgenommen hast, mit Bedacht verarbeiten.

Hast Du aber Angst, bist unruhig und gestresst, kannst Du all das nicht oder nur unzureichend. Wenn Du dann diese Situation nicht änderst, wirst Du irgendwann krank.

Zu einer gesunden Entwicklung des Kindes gehört natürlich auch das freie, losgelöste in sich versunkene Spiel. Das Kind kann aber nur in seine Spiele- und Fantasiewelt eintauchen, wo es sich ganz sicher fühlt.

Das Kind braucht Gewohnheiten. Nur das was Du kennst und was sich wiederholt, ist dir auch vertraut, das kannst Du zuordnen. In seinem Zuhause ist dem Kind nicht nur die Umgebung vertraut. Es kennt alle Handlungen die Du tagtäglich begehst. Alle Geräusche, Gerüche und Bilder. Deine Stimme, Deine Art es zu tragen, Deine Art, zu laufen. Kleinste Nuancen nimmt es wahr und ordnet es zu. Es ist beständig dabei zu beobachten und zu lernen. In den ersten Lebensjahren lernt das Kind hauptsächlich durch Nachahmung. Deshalb könnte Dein Kind, könnte man es fragen, Deine Handlungsabläufe besser beschreiben als Du selbst. Wie Du die Gabel aufnimmst, wie Du gehst, wie Du ein Buch in die Hand nimmst.

Aber es speichert auch die Art, wie auf seine Bedürfnisse reagiert wird. Wie schnell ist jemand da, wenn es ruft, wie reagierst Du auf seine Wünsche.

Sorgst Du gut für das Kind, schenkst ihm neben den pflegerischen Handlungen Liebe und Geborgenheit, braucht das Kind unter drei Jahren nicht mehr. Soziale Kontakte im familiären Umfeld sind ausreichend. Eine Fremdbetreuung in einer Einrichtung oder bei einer Tagesmutter sind weder von dem Kind gewünscht noch für seine gesunde Entwicklung nötig.

Wenn Du Dein Kind in eine Frühbetreuung geben möchtest, dann ist es wichtig, dass diese die besten Voraussetzungen erfüllt. Oder aber Du entscheidest Dich dafür, Alternativen zu suchen.

Wenn schon Fremdbetreuung, dann gute Fremdbetreuung

Wenn Du nachfolgend meine Qualitätskriterien einer guten Betreuung liest, lass Dich nicht frustrieren. Natürlich gibt es wenige Krippen, die diese erfüllen, vielleicht nicht eine einzige in Deiner Nähe. Wir müssen alle dafür kämpfen, dass sich die Bedingungen verbessern. Deshalb ist es wichtig, diese erst einmal zu kennen.

Jeder, der ein Kind in einer Einrichtung abgibt, die diese Kriterien nicht erfüllt, sollte Verbesserungsvorschläge immer wieder ansprechen. Austausch mit anderen Eltern ist hier auch wichtig. Tretet geschlossen mit Forderungen und Wünschen auf und verschafft Euch Gehör bei Elternabenden. Nimm das Gegebene nicht hin, denn dann wird sich nichts verändern, vielleicht sogar eher verschlechtern.
Viele Einrichtungen haben ihr Konzept im Internet eingestellt. Dort kann man sich vorab schon einmal informieren.

Wichtige Qualitätsstandards sind:

- Kleine Gruppen, nicht mehr als zehn Kinder in der Kleinkindgruppe bei zwei ausgebildeten Erziehern. Ein Erzieher und eine Auszubildende ist hier keine Option
- Gut ausgebildetes Personal. Du darfst fragen welche Ausbildung der Erzieher oder die Tagesmutter hat. Es ist nicht immer so, dass alle Beschäftigten einer Einrichtung auch eine gute Qualifikation haben. Tagesmütter sind meist keine ausgebildeten Pädagogen.
- Um Tagesmutter zu werden reicht ein mehr-wöchiger Kurs. Du darfst auch nach Zusatz-qualifikationen fragen. Daran erkennt man wie motiviert die Erzieher sind, sich zu bilden und wie wichtig es dem Träger der Einrichtung ist, seine Mitarbeiter zu schulen. Eine Zusatz-ausbildung für Früh- und Kleinkindpädagogik ist Voraussetzung.
- Täglich frische Luft. Die Kinder sollten täglich, auch im Winter, nach draußen gehen.
- Frisch zubereitetes kleinkindgerechtes Essen. Das Essen muss in der Einrichtung frisch zubereitet werden. Der Verdauungsapparat, vor allem die Nieren, der kleinen Kinder ist noch nicht voll entwickelt. Salziges und sehr fettes Essen muss vermieden werden.
-

- Eine gute Schlafsituation muss gewährleistet sein. Eine Matte reicht nicht aus. Das Kind braucht am oberen Ende eine Begrenzung. Ein Betthimmel sorgt für die nötige Hülle.
- Die Eingewöhnungszeit wird danach geplant, wie lange Dein Kind braucht um sich von Dir abzulösen.
- Der Gruppenraum strahlt eine gemütliche Atmosphäre aus. Moderne Kindergärten ähneln aufgrund der ständig zunehmenden Hygiene-verordnungen manchmal Kranken- statt Kinderzimmern.
- Ein respektvoller Umgangston auf Augenhöhe sollte selbstverständlich sein, auch in schwierigen Situationen.

Das können gute Krippen und Tagesmütter Deinem Kind anbieten

Bei aller Kritik einer frühen Fremdbetreuung gegenüber möchte ich aber nicht versäumen auch Vorteile aufzuzeichnen, die in einer gut aufgestellten Krippe für Dein Kind möglich sind.

- Dein Kind kann sich altersgerecht entwickeln und wird dabei von qualifizierten Pädagogen betreut.
- Es erfährt neben seiner Familie einen Ort an dem es Menschen vertrauen kann.
- Es erlebt sich in seiner Individualität hineingestellt in eine Gemeinschaft.
- Es erfährt Rücksicht und Respekt.
- Es hat Bewegungsmöglichkeiten, die seinem Alter entsprechen.
- Seine Fähigkeiten werden erkannt und gefördert
- Die Mahlzeiten sind regelmäßig und kindgerecht
- Dein Kind kann Kontakt zu anderen Kindern aufnehmen und durch deren Kennenlernen eine intensive Beziehung aufbauen.
- Es kann sich in seiner Person und auch in einem Gegenüber wahrnehmen.
- Das Spiel findet in einem geschützten Raum mit ihm vertrauten Spielmaterialien statt.
- Das Kind lernt Selbständigkeit im alltäglichen Handeln.

- Seine Kompetenzen werden mit professionellen Augen gesehen, als Beispiel die Sprachkompetenz.
- Es lernt Konflikte zu durchleben und es werden ihm Lösungsmöglichkeiten aufgezeigt.
- Es lernt sich abzugrenzen und eigene Bedürfnisse einzufordern.
- Es erlebt den Jahresverlauf durch Lieder, Dekorationen, Feste und Blumen.
- Es erfährt einen geschützten Rahmen durch Medienfreiheit in Bezug auf TV, PC, Spielekonsolen etc.
- Selbstredend ist der gewaltfreie Raum.

Und natürlich bietet die Fremdbetreuung allen Kindern Schutz und Hülle, die zu Hause nicht gut versorgt werden können. Dies ist zum Beispiel in sozialen Brennpunkten der Fall. Dort deckt die Krippe mit regelmäßigen Mahlzeiten und pflegerischen Tätigkeiten Grundbedürfnisse der Kinder ab, die zu Hause manchmal nicht gewährleistet werden können.

Für Kinder aus anderen Ländern sind die Integration und der Spracherwerb ein großer Vorteil.

Für Eltern bietet sich ein Ort um Kontakte zu knüpfen und sich auszutauschen.

Das kann keine, noch so gute Fremdbetreuung Deinem Kind geben

Für ein gesundes Gehirnwachstum ist eine regelmäßige Eins-zu-Eins Beziehung sehr wichtig. Wenn es Dich interessiert dann lies doch einmal Bücher von Gerald Hüter. Dieser ist Neurowissenschaftler, der sich sehr intensiv mit Gehirnwachstum und Gehirnentwicklung beschäftigt hat.

Eine Erzieherin oder Tagesmutter hat zwischen fünf und sechs Kinder zu betreuen. Da kann sie den Kindern nicht in der Weise gerecht werden, wie sie es in diesem Alter benötigen.

Individuellen Bedürfnissen kann nicht in dem Maße entsprochen werden, wie Du dies ermöglichen kannst und wie es ein- noch so kleines- Kind braucht.

Dein Kind muss seine Bedürfnisse zurückstellen oder wenn es diese nicht äußern kann oder vermag auf seine Bedürfnisse verzichten.

Der feste Tagesablauf gibt zwar Struktur und Sicherheit, und ist ja auch in einer Gemeinschaft gar nicht anders leistbar, aber er lässt auch wenig Spielraum für spontane Abweichungen. Alle Kinder müssen dem Tagesablauf folgen. Wird Dein Kind müde, es ist aber gerade Zeit, in den Garten zu gehen, kann es nicht schlafen. Dein Kind hat in der Krippe keinen Rückzugsort. Die meisten Krippen haben zwar eine Kuschelecke, aber dennoch ist dein Kind den ganzen Tag den Geräuschen, den Eindrücken, den Anforderrungen, die die Erzieher stellen, und dem Geräuschpegel ausgesetzt. Und ganz wichtig, bei all diesen Belastungen hat es Dich als Halt nicht an seiner Seite.

Es erfährt dauerhaft Sinneseindrücke und Sinnesreize durch das Handeln der Kinder und Bezugspersonen, und das in einem Alter, in welchem dein Kind allen Sinneseindrücken noch offen und schutzlos ausgeliefert ist. Es erklärt sich von selbst warum Kinder bei Trauer oder Schmerz sofort ihr Kuscheltier oder ihre Puppe brauchen. Das ist ein Stück Zuhause.

Kinder sind sehr kooperationsbereit. Das bedeutet sie erfüllen die Erwartungen der Erwachsenen. Kinder können dabei sehr gut unterscheiden welche Forderungen und Erwartungen von der Mutter, dem Vater, den Großeltern, oder den Erziehern gewünscht werden und dementsprechend handeln.

Diese Einstellung auf die jeweilige Bezugsperson kostet aber viel Kraft. Je fremder die Bezugsperson ist je mehr Energie wird benötigt.

Das kannst Du sicher nachvollziehen. Daheim, darf ich so sein wie ich bin. Im Außen spielen wir oft eine Rolle. Das spürt man deutlich, wenn man nach einem langen Arbeitstag nach Hause kommt und dieses Freiheitsgefühl empfindet. Man muss keine fremden Erwartungen bedienen. Sich auf keine unerwünschte Kommunikation einlassen. Man ist nicht zum agieren gezwungen. Eine noch so erfüllte Arbeit in einer interessanten Firma, mit netten Kollegen kann natürlich Befriedigung und Wohlgefühl verschaffen. Daheim fühlt sich dennoch anders an.

Im Kleinkindalter ist die Menge an Zuwendung und Aufmerksamkeit einfach elementar. Dein Kind wird in einer Krippe nicht die Ruhe und die Zeit finden, alles nach seiner individuellen Persönlichkeit zu entdecken und zu erforschen. Die Menschen, die Dein Kind betreuen, sind bei aller Liebe zu ihrem Beruf und ihrer Qualifikation, nicht in der Lage eine intuitive Wahrnehmung davon zu haben wie es Deinem Kind wirklich geht. Sie sind nun einmal nicht Du, die Mutter.

Und nun noch etwas zum Thema Schlafen im Kindergarten. Stell Dir doch einmal vor, Du solltest am Mittag, auf Deinem Arbeitsplatz in Anwesenheit Deiner Kollegen schlafen. Ein Raum, zehn Kollegen und Dein Chef als Aufsichtsperson, der erwartet, dass Du die Augen auch zumachst. Wie fühlst Du Dich bei dieser Vorstellung.

Dazu kommt, dass Dein Kind in diesem Alter kein Zeitgefühl hat. Es weiß ja gar nicht, dass es sich nur um einen Mittagsschlaf handelt. Für Dein Kind kommt nach dem Schlaf ein neuer Tag. Daheim ist es Dein Kind vielleicht gewohnt, neben Dir oder mit Deiner Hand einzuschlafen. Es ist ungestört.

In der Krippe oder bei der Tagesmutter sind andere Kinder, manche weinen, husten oder bewegen sich unruhig. Meist müssen alle Kinder zu einer bestimmten Uhrzeit ins Bett. Schläft Dein Kind erst spät ein, wird es dennoch geweckt, wenn es Zeit zum Aufstehen ist. Egal ob der Schlaf weiter nötig und vor allem gesund gewesen wäre. Individuelle Schlafbedürfnisse finden in einer Fremdbetreuung nur sehr begrenzt Raum.

Die Realität in deutschen Krippen

Natürlich ist es nicht so, dass ich alle Krippen kenne. In die Arbeit von Tagesmüttern habe ich keinen Einblick. Aber ich habe viele Jahre in einer Krippe gearbeitet und als Familienhelferin einige Krippen besucht. Ich hatte aber auch durch Weiterbildungen und Konferenzen einen Austausch mit anderen Pädagogen, die ich über ihren Alltag befragt habe.

Tatsache ist, dass es viel zu wenig Personal gibt. Der Personalschlüssel, also die Anzahl Kinder, die eine Erzieherin betreuen muss, liegt im Kleinkindbereich im Durchschnitt bei fünf Kindern pro Fachkraft. Das unterscheidet sich nach Bundesland. Scheinbar brauchen die Kinder in den jeweiligen Bundesländern eine andere Zuwendungsintensität.

Das relativiert sich aber, da die Pädagogen nicht nur Kinder betreuen, sondern auch während ihrer Arbeitszeit andere administrative Aufgaben erledigen müssen.

In einer Gruppe arbeiten zwei Erzieher mit einer Gruppengröße von zehn bis zwölf Kindern.

Das ist eindeutig zu wenig Personal. Stell Dir mal vor Du müsstest fünf Kinder in einem Alter von unter einem bis drei Jahren beaufsichtigen. In diesem Alter können die Kinder fast nichts alleine machen. Sie brauchen Begleitung beim An- und Ausziehen, beim Essen, müssen noch gewickelt werden oder behutsam zur Toilette begleitet werden, benötigen noch sehr viel Nähe und Zuwendung. Selbst die beste Erzieherin kann bei diesem Betreuungsschlüssel nicht dauerhaft den Kindern gerecht werden.

Gerald Hüter (Du erinnerst Dich, Gehirnforscher) empfiehlt eine maximale Anzahl von drei Kindern pro Erzieher.

Wenn nun in einem Kollegium ein oder sogar mehrere Erzieher krank werden, erhöht sich der Betreuungs- schlüssel sofort. Im Erzieherberuf arbeiten ja haupt- sächlich Frauen, die natürlich teilweise auch eigene Kinder zu Hause versorgen müssen, wenn diese krank werden. Sogenannte Springer, die dann die fehlende Arbeitskraft ersetzten, gibt es nur sehr eingeschränkt.

Die noch anwesenden Erzieher müssen meist länger arbeiten und die Gruppe dann alleine oder mit Helfern wie Praktikanten betreuen. Laut Verordnung ist es zwar unzulässig, länger als sechs Stunden „am Kind" zu arbeiten, aber in der Praxis ist das gar nicht anders umsetzbar.

Die Zeit „am Kind" umfasst die Zeit, die die Pädagogin ausschließlich für das Kind bzw. die Kinder da sein müssten. Erzieher haben aber noch viele zusätzliche Aufgaben, wie Konferenzen vorbereiten, Dokumen- tationen schreiben, Elternabende planen, Gruppenraum dekorieren etc. Diese Arbeitszeit ist in den meisten Kindergärten mit wenigen Vorbereitungsstunden ent- lohnt, die aber für diese Arbeit nicht ausreichen. Wann kann diese Arbeit erledigt werden. Es natürlich versucht, so viele dieser Aufgaben wie möglich in die Zeit zu legen, die eigentlich den Kindern zu Verfügung steht.

Man spricht sich ab. Ein Erzieher übernimmt die Gruppe (10 Kinder !!) die andere Fachkraft arbeitet administrative Aufgaben ab.

Es fehlt vor allem an qualifiziertem Personal, dass pädagogisch auf einem aktuellen Ausbildungsstand ist. Weiterbildungsveranstaltungen werden manchmal von dem Träger oder der Stadt bezahlt. Die Zeit der Anwesenheit bei den Veranstaltungen ist aber leider meist Privatvergnügen. So fehlt es an Zeit aber auch Motivation, sich beruflich zu qualifizieren. Dies ist aber gerade in der heutigen Zeit sehr wichtig. Erziehungsstrukturen haben sich verändert. Es gibt aktuelle Themen wie zum Beispiel Inklusion, Kinderschutz, ADHS.

Der tägliche Aufenthalt an der Luft ist nur machbar, wenn genug Erzieher da sind, um das aufwendige An- und Ausziehen zu begleiten.

Kinder brauchen gesundes, frisch zubereitetes Essen, welches ihrem, noch nicht vollständig ausgebildeten, Verdauungsapparat entspricht. In den meisten Krippen wird nicht frisch gekocht. Die Mittagsmahlzeit wird angeliefert und oft über Stunden warmgehalten.

Spezielles Krippenessen für die Kleinsten gibt es nicht. Damit den Kindern das Essen schmeckt werden auch den warmen Mahlzeiten Zucker und andere Süssungsmittel, in nicht unerheblichen Mengen beige-mischt. Der Anteil an frischem Obst, Gemüse und vor allem Salat ist gering, da es schwierig ist, dies zu transportieren und frisch zu halten.

Beim Verzehr der Mahlzeiten muss ein vorgegebener Zeitrahmen eingehalten werden. Vielleicht kann Dein Kind nicht den zeitlichen Rahmen für seine Mahlzeit bekommen, den es dafür nun mal braucht.

Leider haben Krippen heute selten einen separaten Schlafraum. Die Größe der zugelassenen Räumlichkeiten wird daran bemessen wie viele Kinder die Einrichtung besuchen. Da dieser Platz sehr begrenzt ist und ohnehin dem Bewegungsdrang kleiner Kinder nicht entspricht, werden alle Räume zu Gruppen- und Spielräumen. Am Mittag werden diese Räume dann zu Schlafstätten umfunktioniert. Das heißt, es werden Matten auf den Boden gelegt, auf dem Dein Kind dann schlafen soll. Kleine Kinder brauchen für ihr Wohlgefühl aber noch eine Begrenzung. Vielleicht kennst Du das Phänomen, dass Du Dein Kind in die Mitte seines Bettes legst und es robbt sich nach oben an den Bettrand.

Die Garderoben sind viel zu eng. Die Kinder sitzen dicht an dicht und haben zum An- und Ausziehen zu wenig Freiraum. Kleine Kinder können nicht senkrecht auf einer Bank sitzen und in eine Hose schlüpfen. Sie setzen sich dazu quer hin. Um in die Jackenärmel zu gelangen, müssen die Arme weit ausholen. Diese Enge führt zwangsläufig zu Konflikten zwischen den Kindern. Nicht jedes Kind möchte von anderen, vor allem in der Eingewöhnungszeit, gerne berührt werden.
Schneeanzüge lassen sich am leichtesten im Liegen anziehen. Aber wo soll sich das Kind in einer überfüllten

Garderobe hinlegen? Garderobensituationen in Kindergärten sind laut, unruhig, stressig. Es sind zu viele
Kinder auf zu engem Raum. Zu wenig helfende Hände
für zu viele Bedürfnisse. Zu viele überforderte Kinder,
die ja angehalten werden, sich erst einmal selbst anzuziehen.

Wenn es Dir irgendwie möglich ist, hospitiere doch einmal, oder noch besser, melde Dich zu einem ein-
wöchigen Praktikum in einem Kindergarten an. Dann
stelle Dir vor, dass Dein Kind diesen Tagesablauf nun
täglich, Montag bis Freitag mitmachen muss.

Pädagogisches Verhalten, welches ich erfahren habe

Ich schildere einige Szenen, die ich in der Funktion als Familienhelferin, in einem Kindergarten erlebt habe. Mit der Schilderung dieser Erlebnisse möchte ich keine Angst schüren, aber Du hast ein Recht darauf zu wissen, wie es Deinem Kind gehen könnte. Was natürlich nicht gleich bedeutet, dass Dein Kind dies auch erlebt.

- Es gab Spinat zum Mittagessen. Der Spinat war eindeutig angebrannt. Die Erzieherin verzog den Mund und leerte ihren Teller in den Mülleimer. Ein kleines Mädchen saß noch vor seinem vollen Teller, als alle anderen Kinder schon aufgestanden waren und spielten. Es sollte den Teller leer essen, da es sich ja die Portion genommen hatte. So das Argument der oben genannten Erzieherin.

- Ein Kind von eineinhalb Jahren wollte nicht einschlafen und weinte nach seiner Mutter. Eine Erzieherin schrie es an, wenn es nicht sofort still sei, würde es noch liegen bleiben müssen, wenn später alle anderen Kinder aufstehen dürften.

- Ein Junge musste im Morgenkreis auf die Toilette. Er durfte nicht. Die Erzieherin meinte die Kinder wüssten doch, dass sie vorher auf die Toilette gehen sollen. Der Junge war gerade mal dreieinhalb Jahre alt.

- Eine Erzieherin schenkte Tee aus. Wasser gab es nicht. Einige Kinder mochten keinen Tee und tranken somit nicht. Auf meine Frage, warum es kein Wasser oder ein anderes Alternativgetränk gäbe antwortete die Erzieherin, dass Tee gesünder wäre und wenn sie Wasser anböte, alle Kinder nur noch Wasser trinken würden.

- Die Kinder müssen schweigend ihr Frühstück einnehmen. Jede Unterhaltung wird sofort streng unterbrochen. Währenddessen unterhalten die anwesenden Erzieherinnen sich lautstark über die Köpfe der Kinder hinweg.

- Ein Mädchen weint nach dem Bringen am Morgen laut und ruft immer wieder nach seiner Mutter. Es wird vor die Tür gesperrt. Es hat Angst und versucht von außen die Tür zu öffnen, kommt aber nicht an die Klinke, da es noch zu klein ist.

- Ein Junge von knapp zwei Jahren ist neu in der Einrichtung. Er weint viel und ruft immer wieder nach seiner Mutter. Den ganzen Vormittag über spielt er nicht. Er isst nicht und er atmet schwer. Die Mutter wird nicht angerufen. Als sie ihn am Mittag abholt, freut er sich und die Erzieherin sagt der Mutter, dass alles in Ordnung gewesen wäre.

Diese Situationen, und ich könnte noch viel mehr aufzählen, passieren. Nun stellt sich zu Recht die Frage, warum sagt denn niemand etwas. Es scheint als herrsche unter dem Personal die Devise: wenn ich andere Kollegen nicht kritisiere wird mein Handeln auch nicht kritisiert. Und leider herrschen auch heute noch abstruse Vorstellungen davon, wie Kindererziehung aussehen sollte.

Der Pädagoge, der Mensch Deines Vertrauens

Wenn Du Dein Kind in eine Einrichtung oder zu einer Tagesmutter gibst, vertraust Du es einer vollkommen fremden Person an.

Woher nimmst Du dieses Vertrauen oder diesen Vertrauensvorschuss? Oft fällt es Eltern doch schon schwer, ihr Kind zu den Großeltern oder Bekannten zu geben, die uns doch vertraut sind? Liegt es an unseren genauen Vorstellungen davon, wie unser Kind betreut, versorgt und erzogen werden soll, was richtig und was falsch ist? Und gerade, weil wir nahestehende Personen gut kennen, können wir gut einschätzen, welche unserer Wünsche bei der Kindererziehung dort umgesetzt werden oder eben auch nicht.

- Vertraust Du der Erzieherin, weil Du Dir sicher bist, dass sie in Deinem Interesse handelt? Und das obwohl Du sie noch nie bei der Arbeit gesehen hast?
- Hast Du dieses Vertrauen, weil Du aufgrund der Ausbildung der Erzieherin an die Professionalität ihrer Arbeit glaubst?
- Was weißt Du eigentlich über die Ausbildung? Hat eine Fachkraft, die vor über dreißig Jahren diese Ausbildung absolviert hat, den gleichen Kenntnisstand wie jemand, der seine Ausbildung gerade erst abgeschlossen hat?

- Kennst Du die innere Haltung der Frau, der Du Dein Kind anvertraust?
- Ihren Erziehungsstil?
- Ihre Einstellung, wenn es um Themen wie Sauberkeitserziehung, Essen und Schlafen geht?

Wir nehmen es in vielen Lebenslagen sehr genau mit unserer Entscheidungsfindung. Jeder Autokauf, jede Urlaubsreise und jede größere Anschaffung werden gut durchdacht und geprüft. Wer prüft den Menschen, dem er sein Kind anvertraut?

Wie Du Dein Kind erziehst und auf seinem Lebensweg begleitest, hat auch sehr viel mit Deiner Biographie zu tun. Wir Alle wurden von unserer Erziehung geprägt und haben unsere Wertvorstellungen. Meinst Du, eine Erzieherin wäre davon befreit, nur weil sie eine Ausbildung gemacht hat? Wir wissen doch sehr gut, dass wir unser Kind bewusst anders erziehen wollen, als wir erzogen wurden. Dennoch brechen immer wieder alte Verhaltensmuster durch, die wir nicht gut finden, die aufgrund der Erziehung unserer Eltern, aber tief in uns verankert sind.
Erziehung hat viel mit der eigenen Wertevorstellung zu tun. Deshalb wäre es wichtig, zu wissen, welche Werte transportiert der Mensch dem Du Dein Kind anvertraust. Aber nun ist es leider so, selbst wenn Du den Anspruch hättest, die Qualität dieser Person kennen zu lernen oder zu prüfen, es gibt dafür keinerlei Möglichkeiten!

Du musst Dich bei der Entscheidungsfindung für einen Krippenplatz darauf beschränken, wo Du überhaupt einen Platz angeboten bekommst. Das wäre so, als ob Du Dein Auto nur in einer Werkstatt reparieren lassen kannst wo es gerade einen Termin gibt, oder Du besuchst den Arzt, der Dir zugewiesen wird.

Wenn Du dann einen Platz bekommst, hast Du meist keinen Einfluss darauf, in welche Gruppe Dein Kind kommt oder zu welcher Betreuungsperson.

Warum nehmen alle Eltern diese Voraussetzungen einfach so hin?

Würde sich herausstellen, dass Du mit dem angebotenen Krippenplatz nicht zufrieden bist, ist ein Wechsel schwierig. Einen Krippenplatz wechselt man nicht wie einen Arzt. Erst einmal ist ungewiss, ob man einen anderen Platz überhaupt bekommt, und dann weißt Du ja nicht, wie es dort sein wird. Außerdem bräuchte Dein Kind wieder eine Eingewöhnungszeit. Es braucht Zeit, dort wieder anzukommen. Zeit, die berufstätige Eltern meist nicht haben. Das Kind und auch Du selbst haben vielleicht schon Kontakte zu anderen Kindern und Eltern geknüpft. Dein Kind hat einen Tagesrhythmus und andere Rahmenbedingungen kennen gelernt, die in einer anderen Einrichtung wieder ganz anders aussehen können. Für jedes Kind ist ein Krippenwechsel eine große Herausforderung.

Vielleicht haben ja viele Eltern auch gar kein Vertrauen in die Qualität der Einrichtung, nehmen dies aber in Kauf, weil sie alternativlos sind. Vielleicht ist es auch die Einstellung, dass es gut ist, wenn sich Kinder schon früh auf Gegebenheiten einstellen, die man nicht ändern kann. Ein frühes „sich der Realität stellen" gut für die Entwicklung ist. Schließlich kann man sich später Lehrer, Vorgesetzte und Kollegen auch nicht aussuchen. Nur ist der Mensch, je älter er wird, besser in der Lage, sich zu schützen. Er kennt dann seine Rechte und seine Möglichkeiten, sich abzugrenzen.

Bei der Krippenbetreuung geht es um ein völlig schutzloses Kind, welches auf die Unterstützung der Eltern angewiesen ist. Es kann sich nicht wehren, schlimmer noch, es nimmt den Erwachsenen in seiner Autorität als Maßstab für sein eigenes Handeln und für die Ausbildung seiner eigenen Moralvorstellung. Oftmals kann es sich noch nicht einmal verbal artikulieren.

Erzieher - Wunschberuf zwischen Ideal und Wirklichkeit

Ich bin mir sicher, dass die Menschen, die sich heute für den Beruf als Pädagogen entscheiden, den festen Wunsch haben, diesen Beruf auch zu ihrer Berufung zu machen. Wer will schon, vor allem bei den Bedingungen und dem Gehalt, Erzieher werden, wenn ihm Kinder und deren Betreuung nicht am Herzen liegen?

Die jungen Menschen, die sich für die Ausbildung entscheiden, gehen mit viel Enthusiasmus an diese Aufgabe. Oft verbunden mit dem festen Willen, den Kindern eine bessere Pädagogik anzubieten, als sie Diese als Kind erfahren haben.

Es hat sich ja auch in den letzten Generationen viel verändert. Die Generation meiner Mutter hatte eine ganz andere Einstellung zum Umgang mit Kindern. Dem kleinen Kind soll heute auf Augenhöhe begegnet werden. Wir gestalten den passenden Rahmen und sind die Vorbilder, an denen sich das Kind selbständig entwickeln kann.

In der heutigen Ausbildung zur Erzieherin wird viel verlangt und das ist auch gut so. Nur leider steht die hohe Anforderung an die Ausbildung und danach an die fertige Fachkraft nicht im Verhältnis zur Entlohnung. Bei vergleichbar gleicher Leistung erhält die Erzieherin nur einen Bruchteil des Lohnes einer Lehrkraft an einer Schule. Viel gravierender als die Entlohnung sind die Arbeitsbedingungen.

Das ist mit ein Grund dafür, warum wir gerade so einen Erziehermangel haben. Viele Auszubildende brechen die Ausbildung ab oder wechseln den Beruf nach der Ausbildung. Der Anteil der Menschen, die in meiner Einrichtung ein freiwilliges soziales Jahr absolviert haben und dann den Beruf auch tatsächlich ergriffen haben, war sehr gering.

Die Rahmenbedingungen sind für diese herausfordernde Arbeit nicht angemessen.

Konkret heißt das:

- Die Anzahl der Kinder pro Erzieher ist zu hoch. Kein Mensch kann seine Arbeit zufriedenstellend erfüllen, wenn er ca. fünf Kleinkinder betreuen soll.
- Die Arbeitszeit der reinen Kinderbetreuung darf sechs Stunden täglich nicht übersteigen. Aufgrund von Urlaubs- und Krankheitsvertretung wird diese Stundenvorgabe oft überschritten.
- Die Erzieher arbeiten sehr eng zusammen. Vor allem innerhalb einer Gruppe. Die Stimmung in der Gruppe wird maßgeblich davon bestimmt, wie gut die Erzieher miteinander auskommen. In pädagogischen Fragen eng beieinander zu sein ist nicht einfach. Das kannst Du bestimmt gut nachvollziehen, denn selbst mit dem Partner an einem Strang zu ziehen wird zur Heraus-

forderung. Während meiner Arbeit waren Konflikte zwischen den Kollegen ein Dauerthema. Unterschiedliche pädagogische Ansichten und ungeklärte Zuständigkeiten führen zu emotionalem Stress.

- Jede Fehlzeit einer Kollegin muss durch eine andere ausgeglichen werden. Nur sehr große Einrichtungen verfügen über sogenannte Springer. Oft werden aber Überstunden, die sich so schnell aufbauen, nicht vergütet. Sie können aber auch nur schwer abgebaut werden, da sich dann wieder Überstunden bei anderen Erziehern aufbauen.

- Nicht nur die Anzahl der Überstunden steigt bei Ausfall von Kollegen, sondern auch die Belastung. Denn arbeitet man im Regelfall zu zweit mit zehn bis zwölf Kleinkindern und hat eine tägliche Betreuungszeit von sechs Stunden, kann das im Krankheitsfall einer Kollegin bedeuten, dass man ganz alleine mit allen Kindern den Vormittag verbringt und dann noch länger arbeiten muss. Bei einer solchen Belastung über einen Zeitraum von einer Woche wundert es nicht, wenn sich Krankmeldungen häufen.

- In pädagogischen Berufen arbeiten viele Frauen. Neben ihrer sehr anstrengenden Arbeit sind sie durch den eigenen Haushalt und mit der Erziehung ihrer eigenen Kinder dauerhaft in einer Doppelbelastung.

- Das Gehalt erlaubt keine Entlastung zum Beispiel durch eine Haushaltshilfe oder einen Dienstleister.
- In jedem Beruf ist es schwer, sich über viele Jahre motiviert und engagiert zu zeigen. Aber stell Dir einmal vor, Du würdest immer wieder ein Kleinkind bekommen, wenn das erste gerade ins Kindergartenalter kommt. Pädagogen gewöhnen jährlich, manchmal zweijährlich, die Kinder in ihrer Gruppe ein. Das heißt intensive Arbeit an einem Beziehungsaufbau, der dann nach kurzer Zeit wieder abgebrochen wird. Und das über Jahre. Das lässt uns doch verstehen, dass es gerade in diesem Beruf dazu kommen kann, dass man nicht dauerhaft mit Herzblut dabei ist. Ich habe acht Jahre in der Krippe gearbeitet und sehr viel Freude an meiner Arbeit gehabt. Ich musste mir dennoch eingestehen, dass es mir sehr viel abverlangt hat und ich mich über die Jahre sehr ausgebrannt fühlte.

Natürlich gibt es viele Pädagogen, die ihre Arbeit dennoch lieben. Pädagogen, die engagiert und aufopfernd für die ihnen anvertrauten Kinder sorgen.

Die Rolle des Kindes in der heutigen Gesellschaft

Nicht nur die Pädagogik, auch die Rolle des Kindes hat sich in den letzten Generationen stark gewandelt. Früher hat das Kind zu Hause im Haushalt, auf dem Feld oder im elterlichen Betrieb mitgearbeitet, wenn es dafür alt genug war. Sein Stellenwert definierte sich dadurch, dass es später einen Beitrag zur Familienversorgung leisten kann. Kinder wurden innerhalb der Familie von der Mutter, der Großmutter oder sogar von älteren Geschwistern versorgt. Später wurden Kinder auch gerne als politisches Mittel oder zu Propagandazwecken eingesetzt. Doch welchen Stellenwert hat das Kind heute in unserer materiellen Gesellschaft?

Wir Eltern lieben unsere Kinder und wollen sie mehr denn je zu freien und selbstbewussten Menschen erziehen. Aber unsere Kinder müssen auch immer mehr den elterlichen und gesellschaftlichen Anforderungen genügen. Die Werbung und die Botschaft in den Medien zeigen Kinder als Aushängeschild für gute Erziehung, finanziellen Wohlstand und guter Bildung. Der Druck auf die Kinder wächst. Sie sollen leicht in das Krippen- und Kindergartenleben integrierbar sein. Sie sollen gut in der Schule sein, gerne auch Instrumente spielen, aktiv Sport treiben, und dies alles immer der Aktivität entsprechend gut gekleidet. Oft scheint mir das gut erzogene und gut gekleidete Kind so wichtig wie das eigene Haus und regelmäßige Urlaube, um gesellschaftlich akzeptiert zu sein. Die Werte verlagern sich immer mehr in äußerliche Attribute.

Kinder werden heute immer früher mit Erwachsenen-denken und Erwachsenenhandeln konfrontiert und sollen Erwachsenen gerecht auftreten. Denken wir nur an die vielen Talentshows, in denen Kinder vermarktet werden. Mit Kindern ist viel Geld zu verdienen und Eltern erfüllen ihren Kindern gerne materielle Wünsche.

Vor einiger Zeit war ich Teilnehmerin an einer Stadtverordnetenversammlung. Thema war die „Kindergartenbedarfsplanung", also die Planung wieviel Kindergarten und Krippenplätze zukünftig nötig sind. Neben einigen Mitarbeitern von Kindertagesein-richtungen waren auch Stadtverordnete und ein Landtagsabgeordneter anwesend.

Die Kindergartenbedarfsplanung wurde vorgestellt, mit dem Resultat, dass es ca. Einhundert Krippen- und Kindergartenplätze zu wenig in unserer Gemeinde gibt. Dies ergab sich nicht aus der Tatsache, dass wir geburtenstarke Jahrgänge haben oder etwa einen hohen Zuzug kinderreicher Familien. Die fehlenden Krippen- und Kindergartenplätze resultierten aus dem zeitlichen Mehrbedarf, den Eltern angemeldet haben. Das heißt, eine Betreuungszeit von statt täglich sechs Stunden auf acht und mehr Stunden. Und das überwiegend für Kinder ab einem Jahr. Der Landtagsabgeordnete vertrat die Ansicht, dass man diesem Bedarf der Kinder, der doch eigentlich ein Bedarf der Eltern ist, unbedingt gerecht werden müsse.

Schließlich leben in unserer Gemeinde Menschen die sich hier ihr eigenes Haus bauen, und die Banken brauchen zwei Einkommensnachweise, um dies zu finanzieren. Es gab im Anschluss an diesen Abend noch eine Diskussionsrunde. Aber es wurde den ganzen Abend nicht einmal über die Bedürfnisse der Kinder gesprochen, oder über eine Verbesserung der Betreuungsplätze. Mal ganz abgesehen davon den Bedarf der Eltern an einem Krippenplatz mal ganz anders zu bewerten oder zu hinterfragen.

Kindern wird die Abwesenheit der eigenen Eltern damit schmackhaft gemacht, dass man sich materielle Werte erkaufen kann. Überfüllte Spielzimmer, perfekt ausgestattete Medienwelten und teure Hobbys sind die Belohnung für fehlende gemeinsame Zeit. Ein Kind, welches mit seinen Eltern baut, backt, gärtnert oder durch den Wald strolcht, braucht keinen Computer. Die reale Welt hat alles, was das Herz erfreut. Ich gehe regelmäßig mit unserem Hund in den Wald. Unser Sohn war und ist immer dabei. Die Tage, an denen ich Eltern mit ihren Kindern im Wald gesehen habe, kann ich an einer Hand abzählen. Kinder können sich heute nicht mehr spontan verabreden, sie haben in der heutigen Gesellschaft einen Terminplan. Neben Kita und Schule gibt es feste Zeiten für Fußballtraining, Schwimm-unterricht und andere organisierte Aktivitäten. Kinder werden heute so erzogen, dass es für sie selbst-verständlich ist, einen Wochenplan abzuarbeiten. Die Medien mit ihrer Werbung prägen das Konsumverhalten unserer kleinen Kinder. Alles strebt nach größer, weiter, besser, teurer. Weh dem, der das nicht leisten kann oder will.

Wo bleibt da die Freiheit, sich als Individuum entwickeln zu können. Will unsere Gesellschaft eigentlich, dass sich unser Kind frei entwickelt?

Wie reagieren Kinder auf unsere Anforderungen?

Kinder vertrauen uns blind. Sie brauchen nichts so sehr wie Liebe und Sicherheit. Eine sichere Bindung schafft Urvertrauen. Dieses Urvertrauen ist wichtig um mit einem gesunden Selbstvertrauen aufzuwachsen.

Es gibt zahlreiche Bücher über Bindungsstörungen cie im Kleinkindalter zu Verhaltensauffälligkeiten führen.

So viele Menschen haben heute Schwierigkeiten in ihrem Leben und suchen Hilfe bei Psychologen und in Therapien. Onlineplattformen über achtsamen Lebenswandel und Umgang mit Ängsten finden regen Zulauf. Ich möchte hier nicht auf das Thema Bindungsstörungen und ihre Auswirkungen eingehen.

Aber ich möchte Dir erzählen, was Kinder uns lehren können. Welche Strategien Kinder heute für sich entwickeln.

Das verhaltensauffällige Kind

Es ist aktuell in aller Munde. Das verhaltensauffällige Kind! Man sieht es beim Einkaufen, im Restaurant, beim Spaziergang. Man hat sogar ein oder zwei davon in der Kindergartengruppe oder der Klasse des eigenen Kindes. Und es werden immer mehr, sagen die Lehrer, klagen die Erzieher. Aber was ist das eigentlich? Das verhaltensauffällige Kind?

Verhaltensauffällige Kinder machen uns das Leben schwer. Sie fügen sich nicht unseren Vorgaben, passen sich nicht unseren Erwartungen an. Sie werden manchmal übergriffig, wenn sie den eigenen Willen nicht durchsetzen und machen mit ihrem Verhalten einen geordneten Tagesablauf schwierig. Sie boykottieren Gruppenprozesse und ziehen so viel Aufmerksamkeit auf sich, dass für andere Kinder nicht genug Aufmerksamkeit bleibt. Sie bringen Eltern und Erzieher an ihre Grenzen, denn wie soll man auf ein solches Verhalten reagieren? Zumal in Einrichtungen die Möglichkeiten individuell reagieren zu können, begrenzt sind.

Und ich bin sicher, dass die Tendenz von Verhaltensauffälligkeiten bei Kindern weiter steigen wird, weiter steigen muss. Es gibt einfach immer mehr Kinder, die sich mit unkooperativem Verhalten auf der einen Seite gegen die gesellschaftliche kinderfeindliche Entwicklung wehren und auf der anderen Seite starke, führende Vorbilder erzwingen wollen. Denn Eltern setzten ihren Kindern, aus dem schlechten Gewissen heraus, diese viel zu früh in fremde Hände zu geben, keine Grenzen und alles wird erlaubt.

Wir müssen aber gut hinschauen, was uns diese Kinder sagen wollen. Anstatt unsere Lebenssituationen zu hinterfragen und gesellschaftliche Strukturen kritisch zu überdenken gehen die Eltern mit den Kindern zum Arzt um dem Kind die Verhaltensauffälligkeit als Krankheit diagnostizieren zu lassen. Damit gibt man die Verantwortung ab und versucht mit Medikamenten das Wesen des Kindes zu beeinflussen. Das heißt nicht, dass es nicht wirklich Krankheiten gibt, zum Beispiel

Stoffwechselerkrankungen oder genetische Erkrankungen, die zu Verhaltensauffälligkeiten führen und wo eine Medikamentengabe eine große Hilfe ist. Es gibt Kinder bei denen die Ursache aber nicht krankheitsbedingt ist und deshalb auch nicht mit Medikamenten behandelt werden sollte. Ich bin kein Arzt und will und darf keine Diagnose stellen, ich habe aber selbst erlebt, wie sich liebenswerte Kleinkinder aufgrund von Überforderung der frühen Fremdbetreuung zu verhaltensauffälligen Kindern entwickelt haben.

Es macht mich hilflos und betroffen, wenn in zahlreichen Elterngesprächen keine Veränderung der familiären Situation zum Wohle des Kindes erreicht werden kann. Die Eltern handeln meist erst dann, wenn die Einschulung bevorsteht und es sich als schwierig erweist, für das Kind eine geeignete Schule zu finden. Dann werden Ärzte, Therapeuten und Sozialpädagogen zu Rate gezogen und es wird erwartet, dass sie die Eltern durch eine Diagnose von der eigenen Verantwortung freisprechen.

Verhaltensauffällige Kinder wollen uns etwas lehren und es täte uns allen gut dies anzunehmen und genau hinzuschauen.

Das introvertierte Kind

Das introvertierte Kind fällt in Einrichtungen meist nicht auf, da es gelernt hat, seine Bedürfnisse nicht zu äußern. Es hat gelernt, sich anzupassen. Es ist bequem, denn es stört die Gemeinschaft nicht. Das introvertierte Kind läuft Gefahr, wenig Aufmerksamkeit zu bekommen, denn es fordert diese nicht ein. Doch gerade das introvertierte Kind muss beachtet werden, denn in der Gemeinschaft mit anderen Kindern kann es passieren, dass es dominiert wird und die Opferrolle einnimmt.

Da sich das introvertierte Kind nicht mitteilt, ist es sehr schwierig seine Probleme während der Fremdbetreuung zu erkennen und diese zu lösen. Geht es solchen Kindern nicht gut ziehen sie sich immer weiter zurück, kränkeln oder richten ihren Unmut irgendwann gegen sich selbst.

Kindheit im Medienzeitalter

Wir sind die erste Generation im sogenannten Medienzeitalter. Es erstaunt mich immer wieder wie schnell und kompetent Kinder deren Vielfalt und Bedienbarkeit erfassen. Ihr Interesse an den neuen Medien ist groß, allem voran an dem Handy mit seinen unendlichen Möglichkeiten.

Kinder lernen von Dir, wie viel Interesse und Zeit Du den Medien widmest. Dein gesunder Umgang mit den Medien ist Vorbild für die Medienkompetenz Deines Kindes. Dein Kind beobachtet sehr genau, wann und wie Du Medien nutzt und welchen Stellenwert diese in Deinem Leben einnehmen. Es bemerkt vor allem, welchen Stellenwert es selbst einnimmt, wenn Du mit ihm spielst oder ihm ein Buch vorliest und beim ersten Klingelton diese gemeinsame Aktivität unterbrichst, um zum Handy zu eilen. Oder wenn Du während der Mahlzeiten Mails liest.

Ich beobachte stillende Mütter, die auf ihrem Smartphone daddeln, anstatt ihre Aufmerksamkeit ihrem Kind zu schenken. Eltern, die einen Kinderwagen vor sich herschieben, den Blick auf das Handy gerichtet, und wenn das Kind Beachtung fordert, ihm einen Keks in die Hand drücken. Sicher ist es auch Deine Erfahrung, dass Wartezeiten beim Arzt oder am Bahnsteig nicht in gemeinsamer Kommunikation verbracht werden, sondern im schweigenden Nebeneinander vor den Medien.

Medien können und werden nie zwischenmenschliche Nähe ersetzten, sie reduzieren Sinneswahrnehmungen auf ein Minimum. Wenn ich mit jemandem rede, der vor mir steht, höre ich nicht nur, was er sagt, ich sehe auch seine so wichtige Körpersprache und seine Mimik. Manchmal sogar die Geste einer Berührung.

Beim Telefonat sehe ich mein Gegenüber nicht, aber ich höre seine Stimme. Ich nehme Nuancen seiner Betonung wahr. Ich höre am Klang der Stimme ob mein Telefonpartner erkältet, traurig oder fröhlich ist. Bekomme ich aber eine Nachricht auf dem Smartphone habe ich keinerlei Sinneswahrnehmung von dem, der die Nachricht verfasst hat, und er auch keine von mir. In welcher Stimmung erreicht mich die Nachricht.

Unser Gefühlsleben vereinsamt immer mehr, weil die Kommunikation immer technisierter wird.

Lass Dir von den Medien keine Fesseln anlegen und mache mit Deinem Kind medienfreie Zeit erlebbar. Das Handy muss nicht immer erreichbar sein. Medien sind heute sehr wichtig, aber nicht das Wichtigste! Der Mensch, Dein Kind, muss immer an erster Stelle stehen. Kleine Kinder im Krippenalter brauchen für ihre gesunde Entwicklung, außer vielleicht das ein oder andere Bilderbuch, keine Medien. Die reale Welt bietet alles woran es lernen und wachsen kann. Die reale Welt ist authentisch. Sie spricht alle Sinne Deines Kindes in einer für es nachvollziehbaren zeitlichen Abfolge an. Die reale Welt manipuliert nicht. Medien manipulieren vor allem in kommerzieller Hinsicht. Den Entwicklern von Handy- und Computerspielen liegt die Gesundheit Deines

Kindes nicht am Herzen. Was denkst Du, was deren Motivation ist?

Je mehr Kinder ihre Freizeit mit Medien verbringen, je weniger können sie ihre Freizeit sinnvoll gestalten. Den Freiraum, den Eltern kurzfristig gewinnen, wenn sie ihr Kind Medien konsumieren lassen, ist trügerisch.

Aus all diesen Gründen haben Medien auch keinen Platz in der Krippe.

Kindheit und Krankheit

Zur gesunden Entwicklung eines Menschen gehört es, dass sich Körper, Geist und Seele gleichermaßen gesund entwickeln können. Viele der heutigen Krankheiten sind psychosomatisch, das heißt aus psychischen, also seelischen Schwierigkeiten, entwickeln sich körperliche Leiden. Die Menschen sind überfordert. Doch was löst diese Überforderung aus? Leben wir nicht in einer Wohlstandsgesellschaft, mit geregelten Arbeitszeiten, einem Arbeitsschutzgesetz, gesetzlich geregeltem Urlaub? Was erschöpft uns? Vielleicht erschöpft uns einfach unser eigener Anspruch, perfekt sein zu müssen.

Ich glaube, unsere kapitalistische, Gesellschaft hat es geschafft, dass sich jeder von uns nur als wertvoll erachtet, wenn er perfekt ist. Diesem Anspruch kann aber niemand gerecht werden. Wenn ich aber glaube nur liebens- und achtenswert zu sein, wenn ich diesem Anspruch genüge, setze ich mich tagtäglich unter einen wahnsinnigen Druck. Diesen Druck übertrage ich dann auch auf meine Kinder. Druck macht krank!

Kein Mann schafft es, beruflich Erfolg zu haben und Karriere zu machen, sich dabei sportlich aktiv und attraktiv zu betätigen, ein perfekter Vater zu sein und einen aufmerksamen Ehemann zu verkörpern, der seiner Frau alle Wünsche von den Augen abliest.

Keine Frau kann dem Ideal aus der Werbung entsprechen. Sie soll für eine blitzsaubere Wohnung sorgen, Am Abend ein Drei-Gänge-Menü zaubern, für die Familie und den Freundeskreis immer ein offenes Ohr haben und dabei sportlich und attraktiv sein.

Und dem Perfektionismus nicht genug, sollen auch die Kinder allen Erwartungen entsprechen. Sie sollen sich von Anfang an einreihen in das Bild des glücklichen, gut erzogenen, vor allem gut funktionierenden Menschen. Ein Mensch, der von klein auf die Erwartungen der Erwachsenen erfüllt.

Wir wollen und können uns Krankheit nicht leisten, denn Krankheit ist ein Zeichen von Schwäche. Krankheit wird vom Arbeitgeber nicht gerne gesehen, denn auch dieser hat perfekt zu sein und seine Aufträge zeitnah zu erfüllen. Da Eltern fast alle im Berufsleben stehen, geraten wir sofort unter Druck, wenn unsere Kinder krank werden.

Es gibt viele Meinungen, warum der Mensch krank wird. Die einen sind überzeugt davon, dass sie sich irgendwo angesteckt haben, andere vertreten die Meinung, dass der Mensch krank wird, wenn er selbst krank werden will um seinem Körper eine Auszeit zu gönnen. Egal wo sie auch immer herkommt, die Krankheit, wie sie sich anfühlt wissen wir alle. Man ist erschöpft, schlapp, man kann sich nicht vorstellen, den Alltag zu meistern. Die Anforderungen von anderen Menschen sind einem zu viel. Man möchte sich verstecken, ausruhen, nur noch für sich sein. Wenn man sich so fühlt, weiß man, ich bin krank. Wenn ich mir dann aber keinen Raum für meine Bedürfnisse nehme, mich weiter zur Arbeit schleppe und meine Anforderungen zu Hause erfülle, werde ich immer kränker. Viele Menschen verdrängen Krankheitsanzeichen, weil sie für sich keine Chance auf eine Ruhephase sehen. Doch Verdrängung ist keine Heilung. Laut Statistik sind heute mehr Menschen krank als früher, physische Erschöpfungszustände mehren sich.

Wir müssen achtsam sein und unserem Kind einen gesunden Umgang mit dem Thema Krankheit lehren.

Es muss für Kinder selbstverständlich sein, zu Hause bleiben zu dürfen, wenn sie sich nicht wohl fühlen. Bringe Deinem Kind bei, mit seinen Ressourcen achtsam umzugehen. Sei Vorbild, wenn es Dir selbst nicht gut geht.

Ich habe leider einmal einen entscheidenden Fehler gemacht. Ich habe vor unserem Sohn mit meinem Mann darüber gestritten, wer von uns zu Hause bleibt um ihn während seiner Krankheit zu betreuen. Er war drei Jahre alt und unterbrach unseren Streit, indem er behauptete es gehe ihm schon wieder gut und er würde in den Kindergarten gehen wollen. Ich schämte mich in diesem Moment so sehr wegen meiner Unachtsamkeit. Meinem Sohn ging es überhaupt nicht besser, er wollte aber alles dafür tun, damit wir aufhörten zu streiten.

Finde heraus, ob Du Dein Kind in eine Krippe oder zu einer Tagesmutter geben möchtest

Jeder Mensch hat von Natur aus, ein Gefühl, was für ihn richtig ist oder was eben auch nicht richtig ist.

Ich habe viele Jahre ein Leben gelebt, welches gar nicht mein Leben war. Ich war ungeduldig, nervös und unzufrieden. Ich wollte irgendetwas ändern, wusste aber nicht was. Und vor allem nicht wie.

Zu meinem großen Glück bin ich auf die Achtsamkeitsakademie von Peter Beer gestoßen. Ich habe erkannt, dass ich mein Leben immer nur abgearbeitet habe. Schritt für Schritt habe ich Entscheidungen getroffen, die mir guttun. Heute bin ich glücklich. Ich wünsche mir dies auch so sehr für Dich.

Ich habe Dir ja nun schon so viel geschrieben, was Deinem Kind in seinen ersten Lebensjahren guttut.

Und ich habe Dir auch erklärt, warum es mir so wichtig ist, dass kleine Kinder viel Zeit mit ihren Eltern verbringen. Es geht aber natürlich auch darum, dass Du glücklich und zufrieden bist.

Deshalb ist es wichtig, dass Du ehrlich Deine Bedürfnisse analysierst, um zu einer richtigen Entscheidung zu finden.

Erinnere Dich daran, wie es war, Dein Kind das erste Mal im Arm zu halten. Was hast Du Dir damals für Dich und Dein Kind gewünscht? Welche Gefühle hast Du heute. Was brauchst Du heute für Deine Zufriedenheit?

Fühlt es sich gut an, Dein Kind schon bald in fremde Hände zu geben? Fühlt es sich gut an, einen großen Teil seiner Entwicklung nicht mehr mitzuerleben? Möchtest Du, dass jemand, den Du nicht näher kennst, einen großen Einfluss auf Dein Kind hat?

Vielleicht erinnerst Du Dich, was Du Dir als Kind von Deinen Eltern gewünscht hast.

Analysiere aber auch ganz ehrlich, wie es sich anfühlt noch länger zu Hause zu bleiben? Dein Leben als Hausfrau und Mutter weiter zu gestalten? Wie geht es Dir mit der Doppelbelastung von Beruf, Haushalt und Kindererziehung?

Wie ist Dein Partner in Deine Entscheidungen einbezogen? Bei welchen Aufgaben entlastet er Dich. Wer hat die Verantwortung im Krankheitsfall Eures Kindes, dieses zu betreuen? Schau einmal, was bei all diesen Fragen in deinem Körper passiert. Wie fühlst Du Dich?

Die Kopfanalyse sollte dann der zweite Schritt sein. Schreibe am besten alle Argumente für und gegen eine Frühbetreuung Deines Kindes auf.

Welche beruflichen Konsequenzen hätte diese Entscheidung? Du hast einen Anspruch auf Elternzeit, und damit drei Jahre nach der Geburt ein Anrecht auf Deinen alten Arbeitsplatz. Hast Du Sorge, wenn Du ein Jahr länger zu Hause bleibst, Chancen zu verpassen, oder dass Dein Arbeitgeber Deine Entscheidung negativ bewertet?

Macht Dir Deine Arbeit viel Freude und die Zeit zu Hause hat Dich nicht ausgefüllt, vermisst Du Deine Kollegen und das berufliche Umfeld? Möchtest Du Dich beruflich gerne weiterentwickeln?

Was bedeutet es finanziell, wenn Du noch länger zu Hause bleibst. Erstelle einen Finanzplan. Welche Anschaffungen hast Du alleine oder mit Deinem Partner geplant? Welche Ansprüche hast Du? Was davon muss unbedingt im nächsten Jahr umgesetzt werden, was kann noch ein oder zwei Jahre warten? Dein kleines Kind braucht in den ersten Lebensjahren kein Haus und auch keine Urlaube. Kann vielleicht auf ein zweites Auto verzichtet werden?

Sei offen für Alternativen. Vielleicht ist es möglich, nebenbei ein oder zwei Jahre in einem anderen Bereich etwas zu verdienen. Oder es gibt die Möglichkeit, in Deinem alten Beruf Teilzeit zu arbeiten, und Dein Partner kann auch Stunden reduzieren. Vielleicht ist die Elternzeit für Dich auch die Chance, Dich beruflich noch einmal neu zu orientieren. Ich weiß, dass neue Wege nicht einfach sind, es macht aber Sinn, sie in Erwägung zu ziehen.

Was ist Dir wirklich wichtig, übertrage Deine Analyse auch auf Familienmitglieder. Was bedeutet die Entscheidung der frühen Fremdbetreuung für Deinen Partner und für Geschwisterkinder, welche Vorteile ergeben sich daraus, wenn Du noch zu Hause bleibst.

Wenn es sich für Dich gut anfühlt, Dein Kind in eine Krippe zu geben, oder Du aus finanziellen Gründen nach einem Jahr arbeiten gehen musst, dann stehe zu dieser Entscheidung. Gehe diesen Weg achtsam und bereite Dich und Dein Kind gut darauf vor.

Mir geht es nicht darum, Dir das Gefühl zu geben, dass Du Deine Wünsche und Ideen nicht verwirklichen kannst, wenn Du eine gute Mutter sein möchtest. Ich möchte Dir nur die enorme Wichtigkeit der ersten Lebensjahre Deines Kindes bewusst machen.

Teil 3

Leitfaden

So gelingt die Frühbetreuung

Frühbetreuung optimal vorbereiten

Erkenne, dass eine gute Vorbereitung auf diese neue Lebenssituation entscheidend ist, wie sie wahrgenommen wird und wie sie gelingt.

Die Auswahl der Betreuungseinrichtung

Mache Dich schon früh auf den Weg eine geeignete Betreuung für Dein Kind zu finden. Sprich mit anderen Eltern und profitiere von deren Erfahrungen. Besuche Einrichtungen bei Informationselternabenden und an Tagen der offenen Tür. Ziehe auch in Betracht einen weiteren Weg in Kauf zu nehmen, wenn es in Deiner Nähe keine Einrichtung gibt, die Dir entspricht. Melde Dich früh im Kindergarten Deiner Wahl an. Sei hartnäckig und melde Dich immer wieder telefonisch oder per Mail und festige Deinen Aufnahmewunsch.
Beobachte in der Gartenzeit wie die Erzieher mit den Kindern umgehen. Frage ob Du hospitieren darfst.
Lese die Konzeptionen der Einrichtungen und informieren Dich über die pädagogische Arbeit und die Rahmenbedingungen wie Öffnungszeiten und Ferienbetreuung.
Gleiche diese Konzeption mit Deinen Vorstellungen und Bedürfnissen ab.

Vorbereitung Deines Kindes

Dein Kind bereitest Du am besten mit Taten und nicht mit Worten auf dieses Ereignis vor. Es kann Deine Worte gar nicht verarbeiten, da es ja noch keine Vorstellung davon hat, was Kindergarten überhaupt ist. Oft machen Eltern Ihren Kindern Angst, wenn sie sie mit Informationen überschütten, die das Kind nicht einordnen kann. Du kannst Dein Kind unterstützen indem Du ihm hilfts auf die Fremdbetreuung gut vorbereitet zu sein.

Der Ablöseprozess

Wenn Du Dein Kind noch stillst, beginne frühzeitig mit dem Abstillen. Jedes Kind braucht für diesen Prozess seine eigene Zeit und mitunter braucht es gerade in dieser Zeit Deine Nähe. Das Stillen wird von den Kindern nicht nur als Nahrungsaufnahme, sondern auch als kleiner Trost oder Kuschelzeit genutzt. Im Kindergarten kann das Kind auf diese vertraute Möglichkeit nicht zurückgreifen. Kinder, die noch gestillt werden sind es gewohnt das ihr Grundbedürfnis nach Nahrung unmittelbar mit der Mutter in Verbindung steht. Fehlt die Mutter, fehlt die Möglichkeit, das Grundbedürfnis zu befriedigen.

Je mehr Menschen der Einrichtung Deinem Kind bekannt oder vertraut sind, bevor es dort eingewöhnt wird, umso sicherer fühlt es sich. Versuche vor Eintritt in die Krippe Kontakt zu anderen Eltern und Kindern zu knüpfen, die auch diese Einrichtung besuchen werden.

Geht vorher gemeinsam auf den Spielplatz oder trefft Euch zu Hause. Das hilft auch Dir, Dich vertrauter zu fühlen.

Außerdem erlebst Du Dein Kind bereits im Spiel mit den anderen Kindern. Du siehst, wie es sich verhält und wie es ihm in einer Gemeinschaft geht. Du kannst nach einer Weile auch sehen, wie sich Dein Kind verhält, wenn Du zum Beispiel mal kurz aus dem Zimmer gehst und es mit den anderen Kindern und Eltern alleine bleibt. Deinem Kind wird es helfen, wenn es diese Menschen im Kindergarten wieder sieht und Dich entspannt in dieser Gemeinschaft erlebt.

Der Tagesablauf

Versuche schon ein paar Monate vor der Eingewöhnung zu Hause einen ähnlichen Tagesablauf zu gestalten, wie er später in der Krippe oder bei der Tagesmutter gelebt wird. Den Tagesablauf kannst Du erfragen oder er steht in der Konzeption.

Wenn Du Dein Kind schon morgens um 7:30 Uhr abgeben möchtest, fange früh genug an, so früh aufzustehen, dass Ihr stressfrei pünktlich sein könnt. Plane auch etwas Zeit für die Übergabe ein.

Versuche bei den Mahlzeiten auf einen Ablauf und ein Verhalten zu achten, um dein Kind auf die Gruppensituation vorzubereiten. Während der Mahlzeiten wird erwartet, dass die Kinder am Tisch sitzen bleiben. Ein Hin- und Herlaufen kann nicht geduldet werden, da dann alle Kinder sich daran ein Beispiel nehmen. Kleine Kinder sind ja Nachahmungskünstler.

Natürlich können die Kinder während der Mahlzeit auch nicht auf dem Schoß sitzen. Es wird auch meist erwartet, dass sie alleine essen und nicht mehr gefüttert werden.

Der Mittagsschlaf

Ist es von Dir gewünscht, dass Dein Kind in der Einrichtung schläft, sollte es das zu Hause geübt haben. Es hilft ihm, wenn es in seinem Bett schläft und nicht die körperliche Nähe von Dir oder dem Partner gewohnt ist. In allen Einrichtungen, die ich kenne, gibt es nur einen Mittagsschlaf. Deinem Kind hilft es, wenn sein Schlaf- und sein Wachrhythmus an den des Kindergartens angepasst ist.

Benutzt Dein Kind einen Nuckel, ist dieser gerade in der Anfangszeit eine große Stütze. Bitte entwöhne Dein Kind in der ersten Zeit der Fremdbetreuung nicht davon.

Ein Stück Zuhause

Gewöhne Dein Kind an ein Kindergartenkuscheltier oder eine Kindergartenpuppe. Das ist das Spielzeug von zu Hause, das immer dabei sein sollte. Wenn Deinem Kind einmal klar ist, dass alle anderen Spielsachen für zu Hause sind, dann hast Du nicht jeden Morgen die Diskussion, was mitdarf, und Du musst nicht spielzeug-beladen ins Auto steigen. Kinder bauen auch eine viel intensivere Beziehung zu einigen wenigen anstatt zu vielen Spielsachen auf.

Das Gespräch mit dem Arbeitgeber

Sprich schon vor deinem Wiedereinstieg in das Berufsleben und vor Beginn der Krippenaufnahme mit Deinem Arbeitgeber. Leider bin ich damals nicht auf diese Idee gekommen. Da gab es für mich nicht den Hauch einer Idee, dass es wichtig ist und schon gar nicht, dass es gerechtfertigt ist.

Mache nicht meinen Fehler. Auch wenn Du den Glauben hast, dass Dein Kind schnell und unkompliziert eingewöhnt ist. Und dann noch dauerhaft gesund.

Besprich mit Deinem Arbeitgeber, dass es Dir wichtig ist schon frühzeitig Deinen Wiedereinstieg zu planen. Du kannst ihm zum Beispiel mitteilen, dass Du gerne an dem geplanten Zeitpunkt wieder regelmäßig und natürlich pünktlich arbeiten möchtest. Du bist froh einen Kindergartenplatz gefunden zu haben. Teile ihm aber auch mit, dass Du nicht weißt, wie die Eingewöhnung ablaufen wird. Du weißt nicht wie Dein Kind auf diese neue Lebenssituation reagiert. Erzähle ihm, dass es für Dich wichtig ist, um gut und entspannt zu arbeiten, dass die Eingewöhnung planmäßig und zufriedenstellend verläuft. Das eine erwiesenermaßen gute Eingewöhnung die Grundlage dafür ist, dass Dein Kind stabil und gesund die Einrichtung besucht. Bitte ihn um Verständnis und auch um Flexibilität, wenn die Eingewöhnung länger dauert.

Falls Du am Anfang vielleicht verspätet kommst, wenn die Ablösung von Deinem Kind länger dauert. Falls Dein Kind am Anfang nicht in der Krippe schlafen kann, bitte um Alternativen für Fehlzeiten. Vielleicht gibt es die Möglichkeit, Arbeiten zu Hause zu machen oder Arbeiten nachzuholen, wenn sich der Partner um das Kind kümmert. Es müssen nicht immer gleich Lösungen gefunden werden, es ist wichtig, dass Dein Arbeitgeber über Deine Situation informiert ist und Du weißt, wie er reagiert, wenn es für Dich schwierig wird. Wenn Du bei Deinem Gespräch merkst, dass Du nicht den verständnisvollen Arbeitgeber hast, überlege, ob es sich nicht vielleicht lohnt, einen Berufswechsel anzudenken. Wenn Du die Einstellung Deines Arbeitgebers schon kennst, bevor die Elternzeit zu Ende geht, hast Du Zeit Deine Fühler nach Alternativen auszustrecken.

Verantwortung und Aufgabenverteilung

Es ist nicht alleine Deine Aufgabe, die Fremdbetreuung zu organisieren. Beziehe den Partner, die Großeltern die älteren Geschwister oder auch Freunde und Nachbarn mit ein. Wir denken immer, wir sind alleine und es ist unsere Verantwortung, dass Prozesse gelingen oder eben auch nicht. Aber manchmal gibt es mehr Helfer als wir denken, wenn wir nur fragen. Wir müssen nicht immer alles selbst machen.

Beziehe, wenn Du wieder arbeiten gehst, andere Familienmitglieder in Haushaltsaufgaben mit ein. Diese profitieren ja auch von den finanziellen Möglichkeiten die Du durch Deinen Beruf erarbeitest.

Gerade am Anfang der Fremdbetreuung ist es wichtig, dass Du nach dem Abholen Zeit für Dein kleines Kind hast, das Dich den ganzen Tag nicht gesehen hat. Es ist dann nicht wichtig zu putzen oder zu bügeln. Die Kleinkindzeit vergeht so schnell, das weiß jeder, der schon große Kinder hat.

Genieße die Zeit mit Deinem kleinen Kind. Eine Zeit, in der sich das Kind so schnell verändert, so viel lernt. Man kann diese wertvolle Zeit nicht wieder zurückholen.

Das leistet dein Kind während der Eingewöhnung und im Krippenalltag

Ich möchte bei Dir gerne ein Bewusstsein dafür schaffen, was Dein Kind während der Eingewöhnung und danach täglich im Krippenalltag leistet.

Stell Dir einmal vor, Du beginnst einen neuen Job in einer Stadt oder sogar in einem Land, wo Du niemanden kennst. Die Menschen dort sprechen eine andere Sprache. Du bekommst Aufgaben, die Du so vorher noch nicht gelöst hast, denn es herrschen andere Regeln und Gesetze, als die, die Du gewohnt bist.

Du weißt nicht, was man von Dir erwartet. Es gibt keinen vertrauten Menschen, an den Du Dich wenden kannst.

Genauso geht es Deinem Kind am Anfang. Es kennt ja die Erzieher und die anderen Kinder nicht. Es kennt die Sprache der Erzieher nicht, denn die Regeln und die

Reaktionen auf sein Verhalten sind andere als die, die es gewohnt ist. Darf man zu Hause beim Essen in den Teller von Mama und Papa greifen und auf ihrem Schoß sitzen, geht das auf einmal nicht.

Die Erzieherin wird erst langsam lernen, die Gesten und die Mimik Deines Kindes zu deuten. Das Kind kann sich darüber nicht wie mit Dir verständigen.

Das Kind muss ganz viel lernen. Es muss im Morgenkreis stillsitzen, versuchen sich alleine anzuziehen, warten, bis seine Bedürfnisse befriedigt werden. Das Essen schmeckt anders und ungewohnt.

Sich diesen Anforderungen und diesem Neuen zu stellen kostet sehr viel Kraft. Manchmal zu viel und das Kind wird krank. Plane gerade am Anfang Pausentage ein, bevor es dazu kommt, dass Deinem Kind die Kraft ausgeht.

Das solltest Du in Bezug auf die Krippenzeit über die Entwicklung Deines Kindes wissen

- Dein Kind hat kein beziehungsweise ein anderes Zeitgefühl als wir Erwachsene. „Ich komme bald wieder", ist eine für das Kind wertlose Aussage. Bei kleinen Kindern ist es sogar so, dass Du mit Deinem Verlassen auch tatsächlich erst einmal unwiederbringlich weg bist.

- Wenn sich Dein Kind an einen Tagesrhythmus gewöhnt hat, dann weiß es Bescheid, wenn Du ihm mitteilst, dass Du es nach dem Mittagessen, oder nach dem Schlafen abholst.

- Dein Kind kann Erlebtes nicht mitteilen oder es teilt Erlebtes bruchstückhaft mit, sodass sich daraus vielleicht ein ganz anderer Sinn ergibt.

- Dein Kind kann seine Gefühle noch nicht beschreiben.

- Dein Kind hat eine andere Wahrnehmung.

- Dein Kind ist allen Sinneseindrücken ausgeliefert. Es hat noch keine Strategien entwickelt, sich abzugrenzen.

- Kinder verdrängen Gefühle in unvertrauter Umgebung. Ich habe erlebt, wie Kinder beim Abholen geweint haben. Es gab auch Kinder, die ihre Eltern beim Abholen geschlagen oder getreten haben. Hier zeigte sich deutlich, wie der über den Tag angestaute Stress in dem Moment abgebaut wird, wo vertraute Personen den Raum dafür geben. Verdrängte Gefühle belasten die Seele.

Die ersten Schritte in eine gelungene Krippenaufnahme

Auf Deiner Suche nach einer geeigneten Krippe ist Dein erster Eindruck eine aussagefähige Konzeption im Internet. Vielleicht hast Du ja auch über Bekannte eine Empfehlung bekommen. Bist Du überzeugt, dass diese Einrichtung für Dich passen könnte, dann melde Dich schriftlich an. Meist haben die Kindergärten ein Anmeldeformular, welches man sich ausdrucken kann.

Achte darauf, dass Dir die Krippe eine Möglichkeit bietet diese schon vor der Aufnahme kennen zu lernen. Das kann eine Einladung zum Tag der offenen Tür sein oder besser noch ein Informationselternabend, an dem Du Pädagogen und Konzept vorgestellt bekommst und Deine Fragen stellen kannst.
Eine gute Krippe hat nichts zu verbergen!

Nach der Anmeldung sollten alle Familien einzeln zu Aufnahmegesprächen eingeladen werden. Bei einem Aufnahmegespräch lernt Ihr die Gruppenerzieherin kennen und diese bekommt einen Eindruck von Eurer Familie. Hier sollte noch einmal geprüft werden, ob das Konzept und die pädagogische Haltung zu Dir und Deinem Kind passen. Die Pädagogen können dann auch abschätzen, ob Dein Kind in die Gruppenstruktur passt oder ob vielleicht eine andere Gruppe geeigneter ist.

Beachte, wie konkret und umfassend die Erzieher Fragen stellen. Es ist wichtig, dass sie Interesse an der Entwicklung Deines Kindes und an Deiner familiären Situation haben. Möchten sie wissen welche Krankheiten Dein Kind hatte und welche Vorlieben es vielleicht schon entwickelt hat. Alle Angaben, die Du hier machst sind freiwillig und obliegen der Schweigepflicht.

Bereite Dich gut, auf dieses Gespräch vor. Überlege Dir Fragen und Bedenken und schreibe sie auf.

Überlege Dir gut was für Dich wichtig ist, überlege auch, was für die Erzieherin wichtig ist, über Dein Kind zu erfahren.

Sprich mit den Pädagogen über:

- die Entwicklung Deines Kindes.
  Wie Dein Kind allem Neuen begegnet, ist oft verbunden mit der Wahrnehmung der eigenen Geburt. Wie war die Schwangerschaft? Hattest Du Ruhe und fühltest Du Dich wohl oder war in dieser Zeit viel Unruhe und Stress. Gab es in den ersten Lebensjahren entscheidende Veränderungen wie einen Umzug oder einen Todesfall in der Familie, wie war Dein Kind als Säugling? Wurde es gestillt und wenn ja, wie lange? Ist Dein Kind gekrabbelt, hat es gerobbt, wann ist es gelaufen?

- seine Gewohnheiten.

  Wie isst dein Kind, wie schläft es. Welchen Rhythmus hat Dein Kind während des Tages. Was isst es? Hat es Nahrungsmittelallergien? Oder Nahrungsabneigungen.

- sein Schlafbedürfnis.

  Schläft Dein Kind alleine oder im Bett der Eltern? Hat es einen Schlafanzug oder einen Schlafsack? Braucht es ein Gitterbett oder ist es gewohnt, schon in einem offenen Bett zu schlafen. Benötigt es einen Nuckel? Schläft es lieber im Dunkeln oder macht ihm Dunkelheit Angst? Schwitzt Dein Kind leicht beim Schlafen oder ist ihm eher kalt, braucht es eine warme, schwere Decke?

- sein Spielverhalten.

  Kann es sich leicht, auch schon längere Zeit, alleine beschäftigen? Braucht es körperliche Nähe bei seinem Spiel? Hat es schon Spielvorlieben z.B. Autos, Tiere, Puppen?

  Hat es ein Lieblingsspielzeug? Welche Freizeitbeschäftigung machst Du mit Deinem Kind? Geht Ihr zum Turnen oder Babyschwimmen? Geht Ihr gerne in den Wald oder auf den Spielplatz?

- eure Kontakte.
  Trefft Ihr Euch regelmäßig mit anderen Kindern und deren Familien? Kann Dein Kind in dieser Gemeinschaft schon mal kurz ohne Dich auskommen? Wie verhält es sich anderen Kindern gegenüber?

- Krankheiten.
  Welche Krankheiten hatte es und wie lange. Gibt es Beschwerden die regelmäßig wiederkehren?
  Bekommt Dein Kind Medikamente und wenn ja welche?

- euren Alltag.
  Wie erlebst Du Deinen Alltag mit Deinem Kind? Hast Du die Trotzphase schon mit ihm erlebt? Ist Dein Kind sehr willensstark oder lässt es sich gerne und leicht auf Deine Vorgaben ein? Wo in Eurer Beziehung entstehen Konflikte?

- deine berufliche Situation und die Deines Partners?
  Informiere die Erzieher, wie Dein beruflicher Alltag aussieht und wie Deine Arbeitszeiten geregelt sind. Wie lange ist Dein Fahrweg. Kommt es oft vor, dass Du spontan Überstunden machen musst?

- die Familiensituation.
  wer gehört zur Familie, gibt es Geschwister aus einer anderen Ehe, lebst Du mit dem Vater des Kindes zusammen. Gibt es Großeltern und wenn ja, sind diese erreichbar und unterstützen sie Dich bei der Betreuung Deines Kindes? Gibt es Haustiere?

- Sorgen und Ängste.
  Sei offen für Deine Empfindungen. Es tut gut sich zu öffnen und authentisch zu sein. Du bist nicht alleine mit Deinen Gefühlen.
  Vielleicht machst Du Dir Sorgen darüber, dass Du es vielleicht nicht immer schaffst, Dein Kind pünktlich abzuholen. Oder Du hast Bedenken, dass Dein Kind die Mahlzeiten nicht essen möchte. Oder Du hast ein Kind, welches Du anderen Kindern gegenüber, als übergriffig erlebt hast.

Mache Dir bewusst, je mehr die Menschen, die bald Dein Kind einen Teil des Tages betreuen werden, von Deinem Kind wissen, je vorbereiteter und individueller können sie die Bedürfnisse Deines Kindes erfüllen.

Wenn Dein Kind unruhig schläft und schnell schwitzt, bekommt es ein Bett in einer ruhigen Ecke und eine dünne Decke. Wenn Dein Kind Hilfe beim Essen braucht, kann es am Anfang neben einer Erzieherin sitzen. Wenn Dein Kind tollkühn und mutig die Welt erobert, braucht es Begleitung an den Spielgeräten im Garten. Ist das geliebte Haustier erst vor kurzem gestorben, weint das Kind, wenn man ein Buch anschaut, das ein ähnliches Tier darstellt.

Ich möchte nicht alle Möglichkeiten aufzählen, aber ich möchte bei Dir ein Verständnis dafür entwickeln, warum diese Informationen so wichtig sind.

Mache Dir schon frühzeitig eine Liste Deiner Fragen. In meiner Arbeit als Erzieherin habe ich erlebt, dass Eltern gar keine Fragen gestellt haben. Sie waren gar nicht darauf vorbereitet, dass ihre Wünsche einen Raum hatten. Sei mutig! Es ist Dein Recht, die Qualifizierung der Mitarbeiter abzufragen. Stelle Fragen zu ihrer Grundhaltung, wie gehen sie damit um, wenn das Kind am Tisch nicht sitzen bleibt. Was passiert, wenn Dein Kind nicht schlafen will. Wie ist der Ablauf der Sauberkeitserziehung. Und bestehe auf Deinen Wünschen, wenn es darum geht wann Du informiert werden möchtest, wenn Dein Kind weint oder nicht schlafen will. Frage alle Regeln ab, die nicht ausdrücklich in der Konzeption festgehalten sind. Bis wann darf Dein Kind gebracht werden, muss man sich an feste Zeiten halten? Was darf das Kind mit in den Kindergarten bringen? Darfst Du die Bezugspersonen deines Kindes auch am Abend anrufen? Wie sind die Kommunikationswege?

Wenn Dein Kind in die Einrichtung aufgenommen wurde, findet ein Kennenlern-Elternabend aller neuen Eltern statt. Hier ergeben sich Kontaktmöglichkeiten zu den anderen Eltern. Nutze dies und versuche schon vor Kindergarteneintritt persönliche Verabredungen zu treffen.

Die Eingewöhnung Deines Kindes

Eingewöhnung bedeutet für Dein Kind, jeden Tag einen Schritt vom Vertrauten ins Unbekannte zu gehen. Je vertrauter das Unbekannte wird, je leichter werden die Schritte.

Die optimale Eingewöhnung sieht so aus, dass damit an einem Dienstag begonnen wird. Am Montag kommen erst einmal die Kinder nach den Ferien an, die schon im letzten Jahr die Gruppe besucht haben. Sie haben die Aufmerksamkeit der Erzieher für sich, die nicht sofort durch die Eingewöhnung neuer Kinder abgezogen wird. In meinem Alltag als Krippenerzieherin hat es sich bewährt, an den ersten Tagen nicht sofort in den Gruppenraum zu kommen. Die vielen Menschen auf engem Raum verunsichern und veranlassen die Kinder sich mehr an das Elternteil zu klammern. Oft ist es für neue Kinder auch ungewohnt laut.

Deshalb haben wir neue Familien immer erst in den Garten eingeladen. Hier darf sich das Kind ganz in Ruhe umsehen und erste Kontakte zur Erzieherin knüpfen. Die ersten zwei bis drei Tage sollte sich das Kind nach seinem Wunsch bei der Person aufhalten dürfen, die es eingewöhnt. Es sollte kein Druck auf das Kind ausgeübt werden, die vertraute Person zu verlassen. Diese bekommt eine sinnhafte Aufgabe im Garten. Das Kind nimmt wahr, dass man beschäftigt ist.

Das ist eine gute Möglichkeit für die Erzieher, zu dem Kind einen Kontakt aufzubauen. Man backt gemeinsam für die Mutter einen Kuchen in der Buddelkiste.

Man geht gemeinsam schaukeln, je nachdem was das Interesse des Kindes weckt. So kann ganz sanft eine Beziehung zwischen dem Kind und seiner Betreuungsperson entstehen. Hat das Kind Vertrauen aufgebaut, kann man sich für einen kurzen Toilettengang verabschieden, dann für ein etwas längeres Telefonat und irgendwann für einen kleinen Einkauf. Je nachdem wie sich das Kind ablöst, werden die Zeiten ausgeweitet.

Dann darf das Kind zum Mittagessen mit in den Gruppenraum. Bei uns war das meist in der zweiten Eingewöhnungswoche möglich. Nach dem Essen kann das Kind, wenn es möchte, noch die Spielsachen im Gruppenraum entdecken. Fühlt es sich wohl, hat es keine Verlustängste, dann kommt es schon am Morgen in den Gruppenraum. Uns war es wichtig, dass die Kinder erst in den Gruppenraum kommen, wenn sie sich schon von dem Elternteil trennen können. Für die anderen Kinder, die ja zum Teil auch erst neu eingewöhnt wurden, ist es schwer, wenn Eltern anderer Kinder anwesend sind.

Erst wenn die Betreuungszeit am Vormittag eine Woche lang stabil ist und die Bindung zur Erzieherin so aufgebaut wurde, dass diese das Kind auffangen und trösten kann, ist es Zeit, einen Mittagsschlaf in Betracht zu ziehen. Dafür wird ein bis zwei Tage vorher das Bett oder der Schlafplatz gemeinsam angeschaut und Schlafutensilien wie Schlafanzug, Kuscheltier und Nuckeln bereitgelegt. An den ersten beiden Schlaftagen sollten unsere Eltern immer am Mittag im Kindergarten sein. Es war uns wichtig, dass die Schlafeingewöhnung abgebrochen wird, wenn das Kind noch nicht dazu bereit ist, und die Eltern dann schnell präsent sind.

Schläft das Kind gut ein, hat es sich am Anfang bewährt, wenn die Eltern direkt nach dem Aufwachen da sind.

In der Eingewöhnungszeit ist ein kontinuierlicher Austausch aller Beteiligten wichtig. Über das Kind selbst sollte in seiner Anwesenheit nicht gesprochen werden. Hat man bei der Übergabe etwas mitzuteilen dann immer so, dass das Kind einbezogen ist.

Als Beispiel: "Jonas, jetzt erzählen wir der Mama mal, dass du heute ganz viel Kartoffeln gegessen hast", oder, „Wir erzählender Mama mal, dass du heute von der Schaukel gefallen bist".

Alles was für die Kinderohren nicht geeignet ist, muss am Abend telefonisch geklärt werden. Das betrifft vor allem den Ablauf oder Änderungen der Einge-wöhnungsstrategie. Diese ist und bleibt bei aller Planung und Vorausschau und aller Erfahrung immer individuell. Manch zaghaftes Kind löst sich gut von der Mutter und tritt in der Gemeinschaft unerwartet selbstbewusst auf. Ein anderes Kind kommt gut an und hat nach drei Wochen auf einmal einen Rückfall und will sich nicht mehr trennen. Geduld und Liebe sind hier ebenso nötig, wie ausreichende Zeit und das Wissen um die Leistung, die das Kind hier vollbringen muss.

Bitte bestehe auf einer behutsamen Eingewöhnung. Der langsame Beziehungswechsel ist entscheidend für das gesunde Erleben Deines Kindes, dass die Welt gut und richtig ist. Nur so kann Dein Kind zukünftig allen neuen Situationen mit Vertrauen begegnen.

Der Hausbesuch

In meinem Kindergarten wird der Hausbesuch, den Du vielleicht noch aus Deiner Schulzeit kennst, noch praktiziert. Und er ist so wichtig!

Die Kinder erleben, dass die Eltern die Erzieher in ihren eigenen privaten Bereich einladen. Dieser private Bereich gibt ihnen Sicherheit und oft zeigen sie sich dort ganz anders als in der Krippe. Auch die Dynamik von Eltern und Kind ist hier ganz anders erlebbar.

Ich empfand es besonders innig, mit dem noch recht fremden Kind in seinem eigenen Zimmer zu spielen. Das hatte eine andere Qualität. Kinder sind stolz darauf, sich und ihr Zuhause zu zeigen.

Im Kindergarten konnte ich oft an die Hausbesuche anknüpfen und mit dem Kind zum Beispiel über das Haustier sprechen. Der Hausbesuch führte meist dazu, dass sich die Beziehung vertiefte. Wenn, die Einrichtung, für die Du Dich entscheidest, keine Hausbesuche anbietet, lade doch die Erzieher von Dir aus ein.

Teil 4

Nachwort

Gibt es sie, die gute Krippe?

In der Krippe, in der ich acht Jahre zusammen mit meiner Kollegin gearbeitet habe, haben wir versucht, optimale Bedingungen zu schaffen.

Bereits im Aufnahmegespräch haben wir versucht die Eltern so umfangreich wie möglich aufzuklären. Dabei war es uns wichtig, ein Verständnis für die Entwicklung und Leistung des kleinen Kindes zu schaffen. Die behutsame Eingewöhnung war uns ein besonderes Anliegen. Wir haben die Länge der Eingewöhnung davon abhängig gemacht, wie lange das Kind braucht, um sich von sich aus von dem Elternteil abzulösen. Wir haben versucht die Kinder behutsam aufzunehmen und ihnen abzuspüren, wenn sie mit der Fremdbetreuung überfordert sind. Wir haben versucht dem Kind respektvoll und dem Alter und der Entwicklung des Kindes entsprechend zu handeln. Ich denke rückblickend, dass die Kinder bei uns behütet und achtsam betreut wurden. Es gab viele schöne Spielsituationen zwischen den Kindern. Wir hatten gemeinsam viel Freude. Mit den Eltern standen wir in engem Austausch.

Dennoch konnten wir nicht dem einzelnen Kind in seiner Individualität gerecht werden, denn wir mussten die Interessen der Gruppe im Blick haben. Sehr schwer wurde mir meine Arbeit, wenn ich am Morgen sehen musste, dass Kinder nicht bleiben wollten. Oder wenn ich Eltern anrufen musste, weil es ihrem Kind nicht gut ging und ich dann beim Abholen vorwurfsvoll angeschaut wurde. Einmal weinte eine Mutter sogar und berichtete, dass sie von Kollegen gemobbt wird, weil sie ihren Arbeitsplatz verlassen musste.

Ob und wie viele gute Krippen es gibt, die meinen Ansprüchen einer guten Betreuung genügen, weiß ich nicht. Ich kenne natürlich nicht alle. Aber ich kenne viele, die ich nicht empfehlen kann.

Eine Krippe ist so gut, wie es die Rahmenbedingungen ermöglichen. Und wie es die Gesellschaft und damit jeder Einzelne für gut und richtig erachtet. Wie schön wäre es, wenn sich alle gemeinsam auf den Weg machten. Einen Weg, der zu einem kinderfreundlichen und familienfreundlichen Ziel führt und auf dem auch Du Dich aufgehoben und wohl fühlst.

Warum funktioniert unser Kinder - garten System?

Ja warum? Nach allem, was ich erlebt habe versuche ich seitdem Antworten darauf zu finden. Vor allem bewegt mich die Frage, wie kann man die Form der derzeitigen Betreuung ändern, optimieren oder ersetzen?

Solange niemand die Probleme erkennt, benennt und bereit ist, neue Wege zu gehen, wird sich nichts ändern. Gesellschaftlich gewohnte Strukturen zu durchbrechen ist schwer und funktioniert nur, wenn ich mir meiner Verantwortung bewusst bin, wenn ich mein Handeln überdenke. Der heutige Umgang mit Kindern, die Tatsache, kleine Kinder mitunter ganztägig in eine Fremdbetreuung zu geben ist nicht kindgerecht und auch nicht familiengerecht.

Aber unser Gesellschaftssystem und damit natürlich unser Wirtschaftssystem funktionieren nur, wenn beide Eltern arbeiten. Deshalb wird den Eltern eine optimale Versorgung und der Bildungswert der Krippen und Kitas schmackhaft gemacht. Eltern wird eingeredet, dass es nicht nur für die eigene berufliche Entwicklung wichtig ist ihr Kind schon mit einem Jahr abzugeben, sondern auch das Kind davon profitiert und nur durch das Bildungsangebot, welches Du in dieser Form sowieso nicht anbieten kannst, später Erfolg in Beruf und Schule hat.

Alternative Betreuungsmethoden werden nicht gewünscht. Es ist nicht möglich, sein Kind nur wenige Stunden oder tageweise in eine Einrichtung zugeben. Es gibt nur ganz oder gar nicht. Tagesmütter müssen für die

Abrechnung mit der Stadt nachweisen, wann das Kind da war. Somit werden die Plätze an die Eltern vergeben, die das auch ausschöpfen.

Unser Kindergartensystem funktioniert auch deshalb, weil Eltern suggeriert wird, dass sie nur gute Eltern sind, wenn sie ihrem Kind auch materiellen Wohlstand ermöglichen. Vollgestopfte Kinderzimmer sind ein Ausgleich für mangelnde gemeinsame Zeit. Teure Hobbys der Ausgleich für gemeinsame Erlebnisse.

Unser Kindergartensystem funktioniert, weil es keine neutralen Institutionen gibt, die die Einrichtungen auf ihre Qualität prüfen. Meist findet die Qualitätskontrolle durch die eigenen Mitarbeiter oder die Leitung statt. Wenn eine externe Qualifizierungsstelle beauftragt wird kommt diese nach Terminvorgabe an meist einem Tag. Wie soll sich diese Person einen Einblick in das pädagogische Handeln verschaffen?

Und was wäre die Lösung, wenn Mängel wahrgenommen werden und es zu einer Beschwerde kommt? Die arbeitenden Eltern sind doch auf den Platz angewiesen. Sie stehen jeden Tag unter Druck, ihre Kinder betreut zu wissen. Es herrscht gerade Erziehermangel. Kindergartenplätze gibt es zu wenig.

Und letztendlich funktioniert unser Kindergartensystem, weil kleine Kinder so unglaublich kooperativ und liebevoll sind. Sie machen so viel mit, um uns Eltern zu gefallen. Sie umarmen ihre Erzieherin, obwohl diese vielleicht am Mittag verlangt hat, den Teller leer zu essen. Sie freuen sich beim Abholen und suggerieren uns damit, einen tollen Tag gehabt zu haben. Sie sind unkritisch, glauben sie doch daran, dass Erwachsene immer alles richtig machen.

Unser Hund hatte einmal sechs kleine Welpen. Laut Tierschutzgesetz ist es ratsam, kleine Hunde erst im Alter von sechzehn Wochen von der Mutter zu trennen. Man hat festgestellt, dass durch frühen Bindungsabbruch Beeinträchtigungen im Sozialverhalten entstehen. Ich würde mir ein Gesetz wünschen, welches dies einmal für kleine Kinder beleuchtet.

Alternativen zu einer konventionellen Frühbetreuung

Hier ist eindeutig Eigeninitiative gefragt. Vernetze Dich mit Menschen, die auch nach einer Lösung, fernab von konventionellen Strukturen, suchen. Es gibt heute schon viele Lebensgemeinschaften, die in einer Art Großfamilie gegenseitig die Kinder betreuen. Es handelt sich dann zwar auch um eine Art Fremdbetreuung, aber meist sind die Bezugspersonen vertraute Menschen.

Wenn fünf Mütter oder Väter jeweils nur vier Tage arbeiten oder auch Teilzeit arbeiten, so können diese wechselseitig ihre Kinder betreuen.

Wenn sich Menschen zusammenfinden, die im Home-office arbeiten, könnten diese sich in einem Haus treffen, in welchem dann die Kinder wechselseitig betreut werden. So bestünde die Möglichkeit, dass man auch zwischendurch für das Kind verfügbar ist. Oder, dass man die Mahlzeiten zusammen einnehmen könnte und das Kind selber zum Mittagsschlaf begleiten könnte.

Es gibt immer einen Weg. Vielleicht ist er nicht nur für Dein Kind der Bessere.

Würde ich mein Kind heute noch einmal in eine Krippe geben?

Sicher erst dann, wenn mein Kind zwei bis drei Jahre alt wäre und wenn ich eine geeignete Betreuung-einrichtung finden würde. Aber viel wichtiger ist mir rückblickend, dass ich mir als Frau meiner Mutterrolle und aller damit in Verbindung stehenden Aufgaben und Konsequenzen viel bewusster wäre. Denn die Krippenbetreuung ist doch nur ein Baustein in der gemeinsamen Entwicklung. Es muss wohl überlegt sein, ob ich überhaupt ein Kind bekomme. Das hört sich für Dich jetzt erst einmal befremdlich an. Du denkst sicher, dass sich das doch die meisten Menschen gut überlegen und sich Gedanken machen, wie sie sich neu als Familie aufstellen. Aber wenn man noch gar keine Erfahrungen hat, wie soll man dann wissen was es zu planen gibt?

Als ich meinen ersten Mann kennen lernte, wollten wir irgendwann auch Kinder. Ich wurde schwanger und Schwups, eins, zwei, drei, da waren sie. Ich gab schon nach dem ersten Kind meinen Beruf auf. Mein Mann war mit einer Unternehmensberatung selbständig und wir waren finanziell nicht auf ein zweites Einkommen angewiesen. Ich habe aber die ganze Schwangerschaft und auch danach, als die Kinder klein waren, in der Firma meines Mannes gearbeitet. Schreibarbeiten, Buchhaltung und was sonst noch so anfiel. Nebenbei Kinder, Haushalt, Gartenarbeit. Ich hatte keinen Angestelltenvertrag, ich bekam keinen Lohn, ich zahlte außer meiner Anwartschaften der Erziehungszeit, nichts in die Rentenkasse ein. Ich habe mit meinem Mann nie darüber gesprochen, welchen finanziellen Ausgleich ich erhalte, wenn unsere Ehe einmal auseinandergeht. Davon sind wir natürlich nie ausgegangen. Bei uns wurde über Geld nicht gesprochen!

Nach vierzehn Jahren Ehe wurden wir geschieden. Unterhalt bekam ich von meinem Mann nur für die Kinder. Rücklagen hatte ich keine. Vierzehn Jahre Doppelbelastung durch Kindererziehung, Haushalt und Berufstätigkeit ohne irgendeinen finanziellen Ausgleich.

Daraus lernte ich aber scheinbar nichts. Als ich meinen zweiten Mann kennen lernte, war ich wieder berufstätig. Ich arbeitete in einem festen Angestelltenvertrag im Außendienst für ein Naturkostunternehmen. Meine drei Kinder aus erster Ehe wohnten bei mir. Mein Mann arbeitete in der gleichen Firma, aber für ein anderes Außendienstgebiet. Da er selbst keine Kinder hatte und bereits Mitte vierzig war, als wir uns kennen lernten entschieden wir uns für ein weiteres, gemeinsames Kind. Wir zogen zusammen. Mein Mann übernahm während der Elternzeit mein Außendienstgebiet. Als die Elternzeit vorbei war, machte uns die Firma das Angebot, dass wir eine Festanstellung behalten durften und der andere an drei Tagen freiberuflich im gleichen Gebiet arbeiten konnte. Da ich unseren Sohn betreuen wollte verzichtete ich auf die Festanstellung und mein Mann übernahm meinen Vertrag. Das hieß für mich, ich konnte nur noch die tatsächlich geleisteten Tage abrechnen und bekam in meinem oder im Krankheitsfall meiner Kinder kein Geld. Auch bei dieser Entscheidung habe ich mit meinem Mann nicht ausgehandelt, wie ich finanziell entschädigt werde, wenn ich auf einen Teil meiner Arbeit und meines Geldes verzichte. In den ersten Jahren war unser Sohn öfter krank, also kein Verdienst in dieser Zeit. Mein zweiter Mann sah sich aber nicht in der Verantwortung mir für diesen Verdienstausfall einen Ausgleich anzubieten. Dabei musste ich für den Unterhalt, für meine drei Kinder aus erster Ehe, auch aufkommen.

Dazu kam noch, dass mir das Finanzamt den Staus als Alleinerziehende aberkannt hat. Ich lebte ja nun wieder in einer eheähnlichen Gemeinschaft. Das Finanzamt interessiert sich nicht dafür, ob man gemeinsames Haushaltsgeld hat oder eben nicht.

Wenn man eine neue Beziehung eingeht und hat Kinder aus einer früheren Partnerschaft, dann wird der neue Partner vom Staat unweigerlich so eingestuft, dass er finanziell mitverantwortlich ist, für Kinder, die er gar nicht gezeugt hat. Mir war es damals peinlich, diese Mitverantwortung einzufordern, die mir nicht angeboten wurde.

Als unser Sohn fünf Jahre alt wurde, habe ich die Umschulung zur Erzieherin gemacht. Eine weitere Beschäftigung im Außendienst wäre nach der Einschulung nicht möglich, da diese Arbeit auch beinhaltete, mehrmals im Jahr wochenweise in Süddeutschland zu sein. Mit einem bald schulpflichtigen Kind keine Option.

Ich habe die Ausbildung zur Erzieherin gerne gemacht. Es war mir eine Berufung. Tatsache bleibt aber, dass ich in meinem früheren Beruf sehr viel mehr verdient habe. Ich hatte einen Geschäftswagen, der auch privat genutzt werden konnte, ich hatte eine komplette Büroausstattung.

Diese materiellen Nachteile habe ich alleine getragen.

Natürlich kannst Du Dich fragen, warum wir das nicht abgesprochen haben. Ich war zu stolz. Ich wollte nicht um Geld bitten, wenn es mir nicht angeboten wird.

Es ist ein Tabuthema, während einer laufenden, intakten Beziehung über eine mögliche Trennung zu sprechen.

Wenn sich zwei Menschen für Kinder entscheiden, sollte vorher geklärt werden, wer wie lange zu Hause bleibt.

Ein Finanzplan ist wichtig. Ein Grund für Konflikte in der Partnerschaft ist Geld. In unserer Gesellschaft hat man Geld oder man hat keins. Aber man redet nicht darüber.

Es muss geklärt werden, wie der finanzielle Ausgleich für den aussieht, der das oder die Kinder betreut. Es könnte zum Beispiel eine Vereinbarung geben, dass derjenige, der die Kinder versorgt und somit kein Einkommen erzielt, im Falle einer Trennung für diese Zeit eine finanzielle Entschädigung bekommt. Denn in dieser Zeit kann dieser Partner sich beruflich nicht entwickeln.

Es sollte versucht werden, die Entscheidung, ein oder zwei Jahre länger bei seinem Kind zu bleiben, möglichst ohne finanziellen Druck zu treffen.

Du siehst, dass ich heute ganz anders handeln würde, als zu der Zeit, als meine Kinder noch sehr klein waren. Ich würde heute bei meinen Kindern bleiben, bis sie zweieinhalb Jahre sind. Die ersten Lebensjahre mit meinem Kind wären mir einfach sehr wichtig und mir fehlt nach meinen Erfahrungen das Vertrauen in eine gute Fremdbetreuung. Ich würde mich in dieser Zeit aber nicht nur als Hausfrau und Mutter definieren. Man kann auch mit kleinen Kindern Kontakte knüpfen, sich ehrenamtlich in der Gemeinde engagieren, Hobbys entwickeln. Ich staune, dass sich Mütter auf Spielplätzen immer nur über ihre Kinder unterhalten. Es ist so, als ob diese Frauen gar kein Eigenleben mehr haben. Selbstverwirklichung findet auch als Mutter statt.

Ich finde, Eltern sein und dieser Aufgabe gerecht zu werden ist eine große Herausforderung und überaus achtenswert. Man kann dieser Aufgabe nicht gerecht werden, wenn beide Elternteile berufstätig sind. Diese überaus achtenswerte Aufgabe ist kein Nebenjob, sondern braucht unsere ganze Kraft und Aufmerksamkeit. Niemand kann längerfristig zwei Berufe parallel ausüben.

Es ist egal, für welche Firma ich arbeite. Ich bin dort immer ersetzbar. Aber nicht als Vater oder als Mutter für mein Kind.

Schlusswort

Dieses Buch ist in der Ansprache meistens an Mütter gerichtet. Das soll hier keinesfalls Väter diskriminieren, aber es spiegelt nun mal die Realität. Mütter sind hier einfach öfter gefordert und betroffen. Selbstverständlich können sich auch Väter angesprochen fühlen.

Die Inhalte dieses Buches bilden meine ganz persönliche Erfahrung und Wahrnehmung ab. Solltest Du hier eine andere haben, ist das natürlich legitim.

Wenn Du Dich über dieses Buch hinaus, dafür interessierst, Dein Kind achtsam in den ersten Lebensjahren zu begleiten, dann kannst Du gerne auf meiner Internetseite stöbern.

www.liadefries.de

Und denke bitte daran, es geht nicht darum, Dir ein schlechtes Gewissen zu machen, weil Du vielleicht beabsichtigst Dein Kind in eine Krippe zu geben, oder Du bereits ein Kind in einer Krippe hast. Es geht darum Fakten zu benennen, damit sich Strukturen zum Wohle unserer Kinder verändern.

Danksagung

Ich danke allen Kindern, die mir ihr Vertrauen geschenkt haben und mir die Inspiration für dieses Buch gegeben haben.

Ich danke allen Eltern, die mich mit ihren Erfahrungen bereicherten

Ich danke Dir, dass Du Dich für dieses Buch, als Teil Deines Lebensweges, entscheidest

Ich danke dem göttlichen Impuls

FSC
www.fsc.org

MIX

Papier aus ver-
antwortungsvollen
Quellen
Paper from
responsible sources

FSC® C105338